林香河
林進材 著

國中生
學習方法的第一本書
【增加SEL社會情緒學習】

★ 集結101個學霸讀書法、用90個學習密碼打造學習力，
熟記學習情商語錄，你就贏了！

五南圖書出版公司 印行

四版序

親愛的同學：

　　你是否曾經對讀書感到困惑，不知道怎麼讀才有效？是不是努力很久，成績卻沒有起色？別擔心，《國中生學習方法的第一本書》就是為了你而寫的！這本書的特別之處，在於它不只是告訴你該怎麼讀書，而是集結了來自101位學習高手的真實經驗，要幫助你找出「最適合自己」的學習方法。

　　你可能會發現，學校教了很多科目，卻沒有教「怎麼學習」。而這本書正是要補上這一塊拼圖。書裡不只有簡單易懂的學習理論，更有高手們的祕訣、方法與經驗談。這些高手不一定一開始就很厲害，但他們透過持續的嘗試、練習與調整，找到最有效率的讀書方式，也就是他們的「必勝武器」。

　　你可以從中學到怎麼安排讀書時間、如何準備考試、怎麼處理人際關係，甚至學會調整心態與訂定目標。更棒的是，每篇文章後面還有名人的學習故事，讓你知道：連名人都曾經迷惘，但靠著方法和努力，終究走向成功。記住：《國中生學習方法的第一本書》不是要你照抄別人的方法，而是要你「創造自己的方法」。每個人都不一樣，找到適合自己的節奏，才是成為學習高手的關鍵。

　　國內在2025年正式邁入臺灣的社會情緒學習（SEL）元年，教育部在2025年2月27日公布頒布「教育部社會情緒學習中長程計畫第一期五年計畫」（114年至118年），並且以營造友善且幸福的校園環境，提升學校教師與學生的情緒健康為目標，將「社會情緒學習」列為生命教育必辦事項，叮嚀要求學校課堂教學，將上述的重點納入教學與學習之內。

　　本書再版時，將社會情緒學習納入重要的一篇，希望透過社會情緒學習的內容，讓各位同學「再次偉大」，成為「學習的高手」。

　　希望你不只是讀完這本書，而是「用起來」、「做起來」，一步步把書裡的方法變成自己的武器，讓學習變得更輕鬆、更有成就感。未來的你，一定會感謝現在努力的自己！

　　加油！你，也可以成為下一位學習高手！

林香河、林進材 寫於2025/04/12

1. 建立「時間管理策略篇」及「平時練功篇」方法
建立良好的生理時鐘循環，時間到了就讀書

2. 利用「基本功夫打底篇」及「學科學習策略篇」方法
強化實力，能拿分的一定把握住

3. 「學習篇」及「人際關係間諜篇」
深信分數是最好與最忠實的朋友

4. 利用「分數實力篇」及「考試準備篇」
情境考試訓練自己的臨場不緊張，盡全力準備

目標：通過考試
經常鼓勵自己，相信自己一定能

讀書流程圖
（利用《國中生學習方法的第一本書》中提出的方法，設計專屬於自己的讀書流程）

目錄

1 基本功夫打底篇

001、選擇題－是一是二還是三？	2
002、是非題－黑白猜，男生女生配！	4
003、填充題－史上最難題型	6
004、問答題－雞同鴨講！	8
005、計算題－到底在考作文還是數學？	10
006、作文題－你的字不要像狗咬的！	12
007、觀念題－都是爸媽害我的	14
008、陷阱題－你，累了嗎？	16
009、甄試題－反應能力大考驗	18
010、練習千遍萬遍不厭倦	20

2 平時練功篇

011、睡覺前的功課	24
012、早上起床的功課	26
013、上下學的時間	28
014、學校早自習	30
015、上課時間	32
016、下課時間	34
017、中午休息時間	36
018、下午上課時間	38
019、星期假日時間	40
020、反覆記憶的習慣	42

3 學習篇

021、自習	46
022、預習	48
023、學習	50
024、復習	52
025、自我評量	54
026、小考	56
027、中考	58
028、大考	60
029、入學考	62
030、檢討	64

4 學科學習策略篇

031、英語－怎麼樣也背不起來	68
032、數學－就是無法理解	70
033、歷史－生動、有趣、有系統	72
034、地理－愛台灣就要學好地理	74
035、物理－我生來無物	76
036、理化－學習變化的運用	78
037、國文－我讀得好沒興趣	80
038、作文－寫好的文章要有方法	82
039、體育－學習效能的維他命	84
040、無限制學習	86

5 分數實力篇

- 041、十分以下，你是來學校亂的　　　　90
- 042、二十分，你是來學校交朋友　　　　92
- 043、三十分，你是來學校考驗老師的智慧　93
- 044、四十分，你是來學校打卡的　　　　94
- 045、五十分，你是來學校學習的　　　　96
- 046、六十分，你是位學生　　　　　　　98
- 047、七十分，你是甲級生　　　　　　100
- 048、八十分，你是好學生　　　　　　102
- 049、九十分，你是優等生　　　　　　104
- 050、一百分，你是模範生　　　　　　106

6 考試準備篇

- 051、考試前二週準備法　　　　　　　110
- 052、考試前一週準備法　　　　　　　112
- 053、考試前三天準備法　　　　　　　114
- 054、考試前一天準備法　　　　　　　116
- 055、猜題的方法－題目，差很大　　　118
- 056、猜答的方法－分數，殺很大　　　120
- 057、又後悔了！　　　　　　　　　　122
- 058、考試一定要拿高分　　　　　　　124
- 059、你的問題在哪裡？　　　　　　　126
- 060、考試後的準備法　　　　　　　　128

7 時間管理策略篇

- 061、功課表　　　　　　　　　　　　132
- 062、生理時鐘管理表　　　　　　　　134
- 063、讀書計劃表　　　　　　　　　　136
- 064、生活管理表　　　　　　　　　　138
- 065、讀書習慣養成表　　　　　　　　140
- 066、自我形象表　　　　　　　　　　142
- 067、人際關係態度表　　　　　　　　144
- 068、不爽時間表　　　　　　　　　　146
- 069、腳踏實地表　　　　　　　　　　148
- 070、人生夢想表　　　　　　　　　　150

8 人際關係間諜篇

- 071、別相信他沒有讀書　　　　　　　154
- 072、有人在後面，感覺真好　　　　　156
- 073、第一名永遠害怕失去　　　　　　158
- 074、第二名的目標就是第一名　　　　160
- 075、最後一名的人緣最好　　　　　　162
- 076、考得比你好是我最大的快樂　　　164
- 077、中間的你很快就沉淪　　　　　　166
- 078、他的驕傲來自你的自卑　　　　　168
- 079、別相信你贏不了他　　　　　　　170
- 080、成績是你最忠實的好朋友　　　　172

9 學習方法補充篇

- 081、學習生活－擴展學習視野法　176
- 082、學習時間－自我管理學習法　178
- 083、學習要領－精算讀書報酬法　180
- 084、學習方法－分析成功失敗法　182
- 085、學習典範－典範學習策略法　184
- 086、學習訣竅－高低落差分析法　186
- 087、學科學習－掌握學科特性法　188
- 088、語文學習－語文學科學習法　190
- 089、數理學習－運用各種高分法　192
- 090、史地學習－史地相互關聯法　194

10 成功路徑故事篇

- 091、當教授的成功故事　198
- 092、當醫生的成功故事　200
- 093、當律師的成功故事　202
- 094、當老師的成功故事　204
- 095、當公務員的成功故事　206
- 096、當工程師、銀行員、行政人員、業務員的成功路徑　208
- 097、當空服員的成功路徑　210
- 098、大家的第一志願　212
- 099、你心中的第一志願　214
- 100、人生從轉彎開始定勝負　216

11 終極祕笈篇

- 101、學習高手101　220

附錄 社會情緒學習篇

- 001、學習與成長的關鍵密碼：社會情緒學習　224
- 002、瞭解社會情緒學習：才能掌握主要的核心概念　226
- 003、社會情緒學習的核心能力一：自我覺察　228
- 004、社會情緒學習的核心能力二：自我管理　230
- 005、社會情緒學習的核心能力三：社會覺察　232
- 006、社會情緒學習的核心能力四：人際關係技巧　234
- 007、社會情緒學習的核心能力五：負責任的決策　236
- 008、社會情緒學習的再次叮嚀與提醒　238

1

基本功夫打底篇

　　學習必須要有動機，而且是強烈的動機，才能學習成功。而學習成功的關鍵，是先學習你所要考的範圍與限制。同時，針對你將參與考試的題型作最具體的分析與作答能力，才能真正達到學習高手的基本分數。本篇就是依據目前所有可能考試的類型，包含入學甄試的題型作最有效率的分析，讓你很快地就拿到基本分數。

001 選擇題－是一、是二、還是三？

學習密碼

學習名人的考試高分法，多練習幾遍就會成為自己的要訣。

選擇題是考你的記憶能力與觀念，因為無論是三選一或是四選一，都必須要確定的答案。唯幸運的是，答案一定在選項內。甚至有時候，也會在選項內提供其他題目的答案。

大部分的考試都是以選擇題為主。面對選擇題準備的方法，就是採用隨時隨地準備法，才能讓自己在考試時可以無往不利。

選擇題準備法（隨時隨準備法）

筆記高手的絕招

1. 任何事情透過「記筆記」方式提醒自己，就不會有漏網之魚。
2. 筆記作得好，等於考試前就知道題目和答案。
3. 在上課時如果邊聽邊記筆記時，等於將自己的記憶儲存量提高75%。
4. 記筆記等於加深概念在腦海中的印象。
5. 把重點寫在紙上的效果，比用眼睛讀、大腦記高三倍以上。
6. 將細節寫在紙上時，在無形中握有一份高分的題庫。
7. 筆記的功能在於可以讓自己可以在未來的考試中拿高分。
8. 將重要的概念、字彙、語詞、公式記錄下來，可以反覆提醒上課教師講的重點。

名人經驗・名作家 陳香梅／寫的越多，印象越深刻。

讀書高手的時間管理

1. 時間可以有效運用，也可以隨便浪費掉。
2. 2009/10/27/09:30此一時刻，在未來的人生中不會再出現（要把握當下）。
3. 如果在同一段時間讀性質相近的科目，就容易把各種概念混淆不清。
4. 想要有良好的讀書效果，就要選擇好的讀書環境（或自己營造好的讀書環境）。
5. 好的讀書氣氛，建議將書房的大燈關掉，書桌前點一盞亮度夠的檯燈就好。
6. 想要增加讀書的記憶量，當身體感到疲勞時，一定要有適當的休息。
7. 讀書時清楚的理解，有效的舉例比大量閱讀效果還要好。
8. 閱讀每一課（或每一章節）時儘量不要停下來，想一想作者的目的在哪裡？作者想要你瞭解哪些重要的概念？將這些概念標出來。

名人經驗・近代知名學者　梁啟超／腦力高下不在記憶而在分析。

考試高分的方法

1. 發揮驚人的記憶能力，並且將腦中的記憶量發揮到極限。
2. 精通各種考試的技巧，並且加以熟練和運用。
3. 掌握各種學習要領，並且熟悉學科重要概念。
4. 征服各種科目的考試。
5. 考試高手的公式
   高分成績＝正確＋速度＋智慧＋實力＋效率
6. 對自己的學習和努力要有信心。
7. 在考試前要安定自己的心，避免過度的慌亂。
8. 考試前一晚要睡個好覺，避免過度熬夜導致頭昏眼花。

高手的驚人記憶術

1. 找出學習上的關鍵字和主要概念。
2. 將這些關鍵字和主要概念反覆背誦。
3. 透過反覆背誦將主要概念轉換成長期記憶。
4. 舉日常生活中的例子二個，結合重要的概念。
5. 將重要的數字或概念用押韻的方式記下來，效果會比較好。
6. 將各重要概念以「口訣」的方式記下來。
7. 預測科目的考試題目，並且將題目的答案記下來。
8. 課本的練習題一定要熟記，因為它是高分的敲門磚。

002 是非題－黑白猜，男生女生配！

名人經驗・新聞主播 張雅琴／自己創造出學習的環境。

學習密碼

考第一名的人不是靠腦袋，而是靠正確的方法。

是非題是考你對答案的肯定度。不是對就是錯，一翻兩瞪眼。現在的考試已經很少使用是非題，因為是非題可以延伸至選擇題，大部分的考試是以選擇題為主。不過，有時候在自然科的題型上，會出現是非題。所以，瞭解其準備方法亦可以加強對於選擇題的作答實力。

是非題準備法（資優學習模擬法）的步驟

好的學習策略

1. 別人好的學習方法，自己要記錄下來，以方便隨時可以使用。
2. 想要讓自己更好，最好是向比自己好的同學學習，可以提高自己的學習效率。
3. 好的方法要記得提醒自己，不斷反覆練習。
4. 好的策略要學習，錯誤的策略要遠離，最好是能修正錯誤的策略。
5. 向他人學習不是丟臉的事，丟臉的是知道好的方法卻不用。
6. 自己好的學習方法要繼續保持。
7. 學來的好方法要和自己的方法比較。
8. 沒有把握時要記得用過去好的方法。
9. 用一件學習效果來評估方法的好壞。
10. 正確的方法和好的方法都需要靠學習。

自我調整學習策略

自我調整學習是一種結合認知、動機等多層面的概念，可以讓學習者調整自己的學習方法，透過和自己的成績相比較，修改成為適合自己的學習方法。

學習策略的關鍵

1. 想要有好的學習成績，就要做好目標管理、時間管理、情緒管理、自信心管理。
2. 要先瞭解哪些目標是具體的，哪些目標是抽象的。
3. 要能管理好自己的情緒，因為不當的情緒會影響學習成果。
4. 管理好時間才能在有限的時間內，完成各種預定的事情。
5. 想要加強自己的學習，就要先建立自己的自信心。
6. 運用圖像、聯想等方法可以加深自己的記憶。
7. 想要有好的成績就要廣泛的背誦、閱讀、練習。
8. 在讀書過程中要作短暫的休息，記憶的效果才會比較大。

學習高手的建議

1. 避免將24小時都用來讀書。
2. 真正的高手可以在任何地方學習。
3. 善用自己的時間讀書，才能提高學習成果。
4. 誰能掌握好時間，誰就可以成為成功者。
5. 要有強烈的學習動機，才會想要花時間讀書。
6. 將所學的概念重新詮釋，轉化成為自己的知識。
7. 給自己一個具體的目標，並且朝向目標積極努力。
8. 回憶可以讓自己的記憶維持長久，因此不斷回憶是提高學習成效的最好方法。

名人經驗・知名詩人 余光中／讀書就像交朋友一樣。

003 填充題－史上最難題型

學習密碼

讀書過眼千遍不若過手一遍。

填充題是史上最難的題型！沒得猜又沒有參考答案，不但如此，字寫得好不好看和成績高低沒有關係，但是給予老師的印象就不一樣。寫錯字也等於答案錯誤，同時，平時沒有好好讀書，絕對無法作答。因此，一定要好好準備才行。

填充題若能拿高分，則其他題型拿高分的機率就相對提升。因此，紮紮實實去準備，一定可以很快提高學習分數的實力。

填充題準備法（抄抄寫寫學習法）的步驟

訊息處理理論

其主要的論點是人類在學習過程中，面對外在環境，如何經過感官察覺、注意、辨識、轉換、記憶的內在活動，將所學到的知識，吸收並且運用的理論。

學習的煉金術

1. 想要記住重要的概念，就要先知道哪些是重要的概念。
2. 將重要的概念標示出來，並且想想看概念用的文字可以瞭解嗎。
3. 如果概念上的文字可以幫助我們瞭解，就可以透過文字瞭解概念。
4. 如果文字本身無法提供瞭解的訊息，就要透過各種學習方法加強記憶。
5. 用自己最適當的方法，將重要概念記在腦海中。
6. 將新的概念和舊的經驗，想辦法連結起來，有助於自己的記憶。
7. 需要透過抄抄寫寫方式才能記起來的概念，抄寫工作一定不可以省。
8. 在抄寫各種概念時，時也要動動腦想想看，有助於瞭解加上記憶。

名人經驗‧國語文學知名學者 王熙元／做好「手到」的工夫。

精緻記憶13法

1. 複誦法：將要學習的概念大聲唸出來。
2. 軌跡法：將各種概念放在重要的位置，以利於形成學習上的連結。
3. 關鍵字法：利用關鍵字來加強記憶法。
4. 心理地圖法：將概念和重要的景物連結一起而加強記憶方法。
5. 字頭法：將重要概念的第一個字連結起來，以加強學習。
6. 故事敘述法：透過故事的運用，加強學習印象。
7. 諧音法：將重要概念透過諧音編成口訣加強學習。
8. 聯想法：以配對的方式，加強學習印象。
9. 歌謠法：將各種重要概念編成歌曲，強化學習印象。
10. 串連法：將二種以上不同的訊息，串連起來加強學習印象。
11. 主觀組織法：依據訊息的關係，加強學習。
12. 多重編碼法：透過「讀」、「寫」、「聽」、「說」、「想」、「講」、「看」方式學習。
13. 字勾法：預先將各種數字化為既定的心向，來加強學習。

名人經驗‧國學大師 毛子水／書桌上永遠只放一本書。

學習高手的建議

1. 抄對重要的概念：在透過抄抄寫寫時，一定要抄對重要的概念，才能加強自己的學習印象。
2. 放聲思考法：在閱讀重要概念時，一定要邊讀邊想，並且將想的也說出來，才能加強學習記憶。
3. 看得懂抄抄寫寫的資料：在抄寫過程中，一定要看得懂自己抄寫的概念（或文字），才能加深印象。
4. 以重點條列方式呈現：花時間抄寫重要概念時，要透過重點條列方式，將重要概念呈現出來，才能在腦海中形成永久的記憶。
5. 思考回想法的運用：在閱讀重要概念多次以後，可以考慮將課本合起來，想一想剛剛讀的重點有哪些，大聲清楚地講出來，以加強學習印象。
6. 透過恆心學習概念：抄抄寫寫一定會比較費時，而且手容易酸痛，秉持著恆心和毅力，才能在學習方面擁有理想的成績。

專家的建議

1. 抄抄寫寫對學習效果的提升，是一個相當好的方法。
2. 抄抄寫寫用在需要記憶的學科效果比較好，例如國文、英文、歷史、地理。
3. 並非所有的科目都需要抄抄寫寫，例如數學、理化等是需要理解的科目。
4. 凡走過必定留下痕跡，如果要抄抄寫寫的話，就要準備一本比較好的學習記事本。
5. 抄抄寫寫一定要抄對重點，以免過度疲憊又效果不佳。
6. 抄抄寫寫是練筆跡的好時機，多加運用可加強學習記憶，也可以練好筆跡。

基本功夫打底篇

004 問答題－雞同鴨講！

學習密碼

寫一份完美的筆記，是增進學習和記憶的最好方法。

其實，問答題並不難，因為往往答案的線索就在題目中。答題時的字數不會像是填充題一般的被限制住。因此，只要在課堂時好好用功，通常都不難拿到高的分數。當然，少寫錯字就要看自己平時努力的程度。利用勤作筆記學習法來訓練自己平時就對寫作培養實力。

名人經驗・亞洲浸會神學研究院院長 周聯華／動機要強，方法要正確。

問答題準備法（勤作筆記學習法）的步驟

作筆記的關鍵

1. 作筆記最重要的關鍵，在於將一篇文章的重點歸納出來。
2. 筆記是學習者的思考結晶。
3. 筆記可以協助自己增進學習效果。
4. 筆記可以讓學習者回顧各種重要的概念。
5. 筆記可以理解自己的學習歷程和學習成果。
6. 筆記要突顯出重要的概念。
7. 筆記要運用例證、解釋和文字補充方式，將重要的概念記下來。
8. 筆記內容要用系統分析法。例如，先寫重要觀念，再寫次要觀念。

8 國中生學習方法的第一本書

作筆記的策略

1. 筆記要分科整理，不要一本筆記記好幾科的重點，容易產生混亂的現象。
2. 筆記的內頁紙要看起來賞心悅目。
3. 筆記要留白，不要寫太多的概念，保留多餘空間，做為未來複習補充說明用。
4. 筆記的內容應該包括文字、圖解、表解、系統圖、標記等。
5. 筆記簿要標上重要標題，對於不同重要性的概念，要標示清楚。
6. 筆記本要力求簡單、扼要、精要。
7. 筆記和抄書不一樣。
8. 如果時間有限的話，要先將自己不會而且重要的概念先記下來。

筆記五要五不

五要：一要記重點
二要簡單易懂
三要包羅萬象
四要精準正確
五要歸納重點

五不：一不講光抄
二不抄書
三不複製上課內容
四不敷衍了事
五不增加複習時間

專家的建議

1. 如果不必記筆記就可以每科考高分，建議不必花時間作筆記。
2. 做筆記要配合課前複習，將課本中的重要概念和名詞，結合複習時間，記在筆記本中，以方便上課時和教師的講解結合。
3. 上課中不會的概念，一定要記在筆記本中。
4. 一份有意義的筆記，可以清楚點出來學習的重點（或教學的重點）。
5. 做筆記時，一定要全神貫注。
6. 記筆記時，是一個最好的學習時間點。
7. 能幫助你記住重點的筆記，才是真正好的筆記。
8. 教師上課時的聲音，其實也透露出學習的重點。
9. 教師上課時講解概念音量高時，這個概念一定相當重要。
10. 同一個概念，教師講解多次時，這個概念一定很重要。

> 名人經驗・諾貝爾獎得主 丁肇中／時時保持探究學問的心。

005 計算題－到底在考作文還是數學？

學習密碼

學好數學的心理，要親近它、瞭解它、運用它，才能和它做好朋友。

計算題大部分被應用在理化及數學類科。看懂題目，是取決於你的中文能力。所以，數理好的人通常理解力與中文能力也不會太差。當然，平時也要多練習各類題型，精熟於演算能力，對於公式等應用也需要多訓練。不要小看數理好的人，這些人通常在日後的收入，比起其他在數理不好的人，收入較高。

計算題準備法（關鍵要領學習法）的步驟

數學的美麗邂逅

1. 想一想：在數學的課題中，前人為什麼要考慮這個問題。
2. 看一看：在數學的重點中，有哪些重要的公式或是定理，可以運用在日常生活中。
3. 聽一聽：數學老師在上課時，針對這個重點究竟是怎麼說的，老師的重點何在。
4. 做一做：數學課本中的問題，一定要親自做一做，瞭解各種原理、原則的應用，公式的運用會遇到哪些問題。
5. 試一試：除了這種算法之外，有沒有更好、更快、更容易的算法。

名人經驗‧中國的居禮夫人 吳健雄／兔子的天才，烏龜的苦功。

數學的學習關鍵

1. 數學的觀念要清楚,對於各種問題一定要經過大腦思考。
2. 課本中的基本概念,一定要多讀幾遍。
3. 讀熟基本概念之後,後面所附的計算題與應用題,一定要親自作作看。
4. 課本的練習題和習作的練習題,一定要找時間作作看。
5. 參考書和講義上面的題目,要花時間演練。
6. 想要學好數學,一定要多動腦、多思考、多練習、多運用、多推理。
7. 數學學習中比較複雜的概念,或是不容易理解的概念,要多請教同學和老師。
8. 透過數學的學習,培養歸納和類推的能力。

數學高手的絕招

1. 要多用腦想想看,數學的解題方法不難,因為高明的數學強調的是用短時間就可以解出困難的題目。
2. 要花時間瞭解數學概念以及數學題目本身所代表的意義。
3. 課本中的基本例題一定要先作,並且熟悉每一道例題。
4. 數學最忌諱「不會走路就想飛」的錯誤心態。
5. 複習數學時一定要先挑容易的,再挑難的,才能建立學習的信心。
6. 學好數學的主要策略,在於利用已經知道的概念和方法,解決更困難的題目。
7. 參考書後面的解題過程,一定要多看看,因為從解題示例中可以理解很多數學的應用問題。
8. 想要學好數學,就要培養「提問」的能力。提問包括問自己、問同學、問父母、問高手、問師長。

專家的建議

1. 數學的概念通常是從容易到難的,學習也要先從容易到難的。
2. 數學的計算題一般是從具體的到抽象的,學習也要從具體的到抽象的。
3. 想要運用數學公式解題,就要先瞭解公式是怎麼來的。
4. 數學的公式不是用來背的,而是用來理解的。
5. 想要將公式永久放在腦海中,理解和舉例是最好的方法。
6. 「興趣」是學習的泉源,想要學好數學當然要先培養對數學的興趣。
7. 對數學缺乏興趣的同學,通常是在計算數學時產生困難而導致挫折。
8. 數學的主要核心在於邏輯思考,多用自己的腦袋思考,對數學能力的精進有正面的效果。

名人經驗・前清大校長 沈君山/根基打不好,一輩子完蛋。

006 作文題－你的字不要像狗咬的！

寫好作文的要領包括「審題」、「構思」、「擬大綱」、「分段去寫」、「修飾文句」、「檢查」、「完成」。

作文題第一是考你的字漂不漂亮，第二是你的組織能力好不好，第三是你的邏輯能力強不強，第四是你的耐力高不高。作文題應用是最簡單的題目，很可惜，要拿到高分卻不如想像中的容易。套用公式可以讓你拿到比別人更高的作文分數，試試看吧！

名人經驗・名小說家　司馬中原／先速讀再體會優點。

作文題準備法（套用公式高分法）的步驟

寫好作文的訣竅

很多好的文學作品都是需要練習和下苦功的。

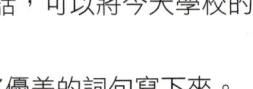

寫作文的要領

1. 每天至少看一篇好的文章，並且將重點標示出來。
2. 好的文章用字遣詞，可以抄錄在自己喜歡的札記上。
3. 將好文章中的成語和優美的詞句，抄寫在筆記本上面。
4. 養成每天寫日記的習慣，如果不知道要記哪些的話，可以將今天學校的課程重點記錄下來。
5. 將課本中學到的成語，運用在寫e-mail上，或是將優美的詞句寫下來。

寫作文的公式

1. 將好的短文抄寫在常用的札記中。
2. 將報紙中的社論剪貼在剪貼簿上。
3. 用有色筆將社會中的好詞句標示出來。
4. 一般的文章分成起、承、轉、合；抑、揚、頓、挫四個段落。
5. 將社論中的好詞句多抄寫幾遍。
6. 練習將社論中的好詞句運用在作文寫作上。
7. 每星期抄寫一篇國中基測（或學測）中的經典文章。
8. 練習將自己生活中的各種事件寫下來，並且將經典文章中的文字運用在寫作上面。

名人經驗‧散文大師　朱自清／永遠要求自己走在時間的前端。

高手寫作文的步驟

1. 審題
審題的意義在於瞭解作文題目的重點在哪裡，將作文題目的意思和焦點掌握明確，瞭解作文題目的主旨。

2. 構思
掌握題目之後，接下來要思考作文中要寫哪些重點？哪些關鍵？哪些問題？哪些方向？哪些時刻等？

3. 草擬大綱
在構思作文的同時，要將想到的部分，先寫下來。將寫下來的部分，加以選擇、組織並且研擬寫作的先後順序。

4. 分段撰寫
依據作文的「起」、「承」、「轉」、「合」四段，將所想到和研擬的部分寫下來。

5. 文句修飾
寫好作文之後，分段將自己所寫的文句，進行修飾工作。

6. 檢查作文
作文最忌諱的事是寫錯字、標題錯誤、錯用成語等。想要在作文方面拿高分，在寫完作文之後，應該花一些時間檢查文句，將錯誤部分作修改。

7. 完成作文。

007 觀念題－都是爸媽害我的

學習密碼

從「作中學」的效果比從「想中學」的效果好。

「風往東邊吹，請問風箏往哪裡飛？」這是某一年基測考題。某考生一出考場就向自己的爸爸媽媽抱怨，為什麼平時不帶她去放風箏，害她這一題都不會。

觀念題是考你平時的生活情境。在平時就要與學科相互運用，雖然不容易，但是這種題目最容易拿到分數。平時就要動腦想一想，才不會錯失拿分數的機會。也許，就是這一題，你就上不了第一志願。別讓這種遺憾發生在自己的身上。

名人經驗‧中研院院長 李遠哲／積極認真，絕不馬馬虎虎。

觀念題準備法（生活運用學習法）的步驟

學習七法則

1. 下定決心的法則

作任何事情一定要下定決心，缺乏決心的學習成果一定不好。例如，英文不好的同學，如果可以每天讀5個英文單字的話，3年就可以讀2千多個英文單字，強化自己的英文能力。

2. 運用聽的法則

專心聽講是學好任何科目的方法，上課專心聽講比下課後，花更多時間來學習的成效好。

3. 有效想像的法則

讀書需要運用想像力，將各種抽象概念透過想像成為自己的長期記憶。把所要學習的重要概念，透過創造力和想像力，有助於強化學習效果。

4. 朗讀和背誦的法則

讀書不僅要動腦也要動口和動手，動口可以加深學習印象，動手可以加深學習記憶。

5. 改善聽覺的法則

當教師講解時，一定要專心聽講，並且將所聽到的重點和概念，記在筆記本上面，以利隨時複習之用。

6. 快速看、聽、讀的法則

看、聽、讀法則的運用，對於學習效果的提升，具有正面的意義。如果你是屬於聽覺型的學習者，就要善用自己的聽覺加強學習效果。

7. 深層聽覺法則

深層聽覺（Deep Listening）是多摩大學校長格裏高利‧克拉克所主張的一種聽的方法。它的做法是：一邊聽著英語錄音帶，一邊把聽到的東西正確地寫下來。因此，可以在上課時將重點錄音下來，課後邊聽邊將重點記錄下來。

學好理化的策略

1. 運用上述學習七法則於理化科目的學習中。
2. 一定要親自動手作實驗，以收到「作中學」的效果。
3. 要常常觀察生活周遭的細節，並且和理化科目的學習結合起來。
4. 多注意報導中和理化科目有關的案例，並且結合理化科目的學習。例如，台南地區的戴奧辛毒氣事件。
5. 多關心周遭生活中的各種事件，並且找時間和同學或師長討論。
6. 將生活中的重大事件，透過自己的語言（或口語）解釋各種生活事件。

高手學習理化8W

1. 學什麼重點（what）
2. 學哪些問題 (which)
3. 為什麼學這些重點 (why)
4. 什麼時間學最好 (when)
5. 誰來學最好 (who)
6. 在哪些地方學最好 (where)
7. 如何學最好 (how)
8. 哪些重點一定要學 (whom)

專家的建議

1. 學習任何概念都要有持續性的動機。
2. 養成學習的良好習慣，比考試前慌亂學習的效果好。
3. 學習是需要花時間的，短暫時間的學習效果一定不好。
4. 將學到的概念教給同學（或家人），可以加深學習的印象。
5. 保持學習的正向、積極態度，就可以將學習視為一種享受。
6. 肯花時間學習的人，生活中就不容易遇到挫折。

> 名人經驗‧名作家 劉墉／把人腦當電腦輸入資料。

008 陷阱題－你，累了嗎？

真正的學習高手掌握學科學習的關鍵，讓自己的學習可以立於不敗之地。

「一相情願」、「一翻努力」、「一愁莫展」、「一股作氣」，請問上列錯字為哪個字？

這是日常就會使用到的成語，可是很容易你就會寫錯字，或是無法挑出錯字。猜來猜去也不一定猜得出來。給你一個提示，第二個字。〔答案見下頁〕

考試時是不會給你提示的，所以你平時就要努力學習。試試看學習關鍵運用法來面對陷阱題。

陷阱題準備法（學習關鍵運用法）的步驟

學科知識的意義

學科知識的主要意義，在於學習任何學科時，該學科的單元中，希望學生要學到哪些重要的知識，稱之為學科知識。一般學科知識具有下列的特徵：1.知識概念之間會有階層性的問題；2.知識概念間有關聯性；不同的知識概念有難易的差別。

學習關鍵運用法

1. 每一個科目的學習都有關鍵方法。
2. 在每一科目的學習方法上，要結合課本中的重點。
3. 不同的學科要運用不同的方法和策略。
4. 需要理解的科目，最好的策略就是運用理解方式學習。
5. 需要記憶的概念，最後透過背誦或寫下來的方式學習。
6. 瞭解學科性質，才能選擇適當的學習策略。
7. 每一個學科都需要多種的學習策略。
8. 適合他人的學習策略，不一定適合自己。

名人經驗‧《浮士德》作者　歌德／趁你還有精神的時候，學習迅速辦事。

學習英文的關鍵

1. 由簡單到複雜、由具體到抽象、由近而遠、由主動到被動、由現代到過去。
2. 英文的學習要領在於不怕胡言亂語。
3. 將26個英文單字熟讀,並且瞭解它們的自然發音法。
4. 看國外影集時將節目中的對話再講一遍。
5. 英文單字要多讀幾遍,並且利用零碎時間將英文單字記起來。
6. 將家裡的物品用英文名字標記上,並且隨時閱讀。
7. 將學校教的英文單字做成單字卡,隨身攜帶。
8. 參考書中的各種練習題要隨時做做看。
9. 如果時間允許的話,每天要花一些時間讀英文。
10. 讀、寫、聽、說、想、講、看一起來。

> 名人經驗・名作家 胡適／有幾分證據說幾分話,想怎麼收穫就怎麼栽。

學習國文的關鍵

1. 養成閱讀報紙的習慣,尤其報紙中的社論。
2. 想想看怎樣將優美的詞句運用在生活中。
3. 課本中的習題一定要熟練。
4. 參考書中的練習題,一定要記得隨著老師的教學進度做練習。
5. 每天養成寫日記的習慣,將今天的學校生活事件簡要寫下來。
6. 養成看世界文學名著的習慣。
7. 不容易記起來的成語,要記得多寫幾遍,並且找機會練習。
8. 中文可以「望文生義」,英文無法「望文生義」。

專家的建議

1. 每一個學科本身都有特定的學科知識。
2. 瞭解學科知識的內涵,就可以運用正確的學習方法。
3. 一般的參考書中都會將學科知識列出來,這一部分要多運用時間熟讀。
4. 一般的課本都會將學習的主要方法標示出來,這些學習方法要練習到熟練為原則。
5. 培養高效能的學習方法,對自己的學習有正面的意義。
6. 想要提高學習效果,就要用對的學習策略。

上頁答案:廂、番、篝、鼓。

009 甄試題－反應能力大考驗

學習密碼

將學習的重要概念畫下來就能成為腦海中永遠的記憶。

甄試題是考你的反應能力，在有限的時間內考出你的平時的實力。主要作答工具就是你的外表、禮儀、回答內容。甄試題是主觀中帶有客觀，客觀中又有主觀成分。因此，有特別的準備法可以讓你在短時間內就把分數拉到基本分。

創意與實力必須平時去累積，所以可以運用心智圖形學習法來訓練自己，面對主考官時的回答內容。

甄試題準備法（心智圖形學習法）的步驟

心智圖形的意義

心智圖形的意義來自於「心智繪圖」的概念，是一種是一種結合心智層面，展現擴散性創造思考的表現圖形。心智圖（ming mapping）最早是在1970年，英國人Tony Buzan所提出的全腦式學習法，主要的理論是運用線條、圖案、顏色、關鍵字和符號等一種左右腦全方位思維方式，將知識擴散式思考以視覺化或圖像化呈現綱要的學習方法。

心智圖形的優點

1. 可以結合上課的筆記方法，加強學習效果。
2. 可以代替上課筆記，並且比筆記的效果還要高。
3. 在大腦中建立整體的學習架構。
4. 透過心智圖形的運用，可以加強記憶和學習。
5. 心智圖形的運用，可以加強學習思考和學習決策的功能。
6. 心智圖形的運用，可以為自己節省更多的時間。

名人經驗・演化論之父　達爾文／完成工作的方法是愛惜每一分鐘。

18　國中生學習方法的第一本書

心智圖形的策略

1. **作心理筆記**
   良好的學習效果，必須持續性地作筆記。如果想要提高學習效果的話，就要在內心裡形成心智圖形。

2. **不斷複習**
   在複習時可以透過各種方式，將讀過的概念從記憶中畫出圖形，將以往所學到的概念，用畫圖的方式呈現出來。

3. **進行小組學習**
   小組學習的方式是透過共同創作的方式，將每一個人心裡的想法提出來，透過小組討論將重要的部分保留，不重要的部分修正，並且決定將重要的概念組成一個新的心智圖。

4. **正確選擇**
   心智圖的運用可以協助學習者，在學習過程中作正確的選擇，透過選擇過程可以瞭解學習的重點、學習的目標等。

5. **勇敢地展示**
   進行小組心智圖的分享時，每一個人都需要講解自己的心智圖，透過講解方式可以加深學習印象。

6. **系統的計畫**
   心智圖的學習方式，可以讓學習者透過系統的計畫學習，加強學習效果並且提升學習成效。

專家的建議

1. 利用學習的心智圖，有助於加深自己的學習記憶。
2. 在學習過程中，可以運用不同的顏色、圖案、符號、數字、字型大小、標示等加強重點的學習。
3. 如果在學習過程中，有新的想法或創意的點子，記得要馬上記錄下來。
4. 嘗試將自己所學到的概念，用畫圖的方式畫下來，有助於提高自己的學習效果。
5. 真正的學習高手，可以快速地將各科學習的重點用「畫圖」方式記錄下來。
6. 設計心智圖形時要以重要概念為主，才能提高學習效果。

> 名人經驗‧歸納法提出者　培根／合理安排時間，就等於節約時間。

010 練習千遍也不厭倦

學習密碼

在學習過程中回想三次，可以成為腦海中永久的記憶。

心理學家認為，一個人要將反應達到自然的狀態，就是精熟。對你的功課精熟，對你的考題精熟，對你的學習範圍精熟，才能得到你想要的分數。

精熟唯一的方法就是，練習、練習、再練習。沒有更好的方法，也沒有捷徑，就是練習。是最笨也是最聰明的方法。再怎麼苦，為了那成功的一刻，也是值得的。

名人經驗‧《相對論》提出者　愛因斯坦／成功＝艱苦勞動＋正確的方法＋少說空話。

練習法（大腦永久記憶法）的步驟

三次回想迴避遺忘曲線

學習理論專家Ebbinghaus指出，在記住一件事情之後，只要在24小時內依照學習週期，重複回想三次就可以永久保持記憶。換句話說，在學習過程中，只要將重要的概念多學習幾次，就可以記下來。然後，在一天內回想三次就可以變成永久性的記憶。

永久記憶的方法

1. 將所要學習的重要概念，轉換成有意義的組織和結構，以方便將概念進入長期記憶。例如，我們可以記住家裡的地址，主要的原因在於經常使用。
2. 將新舊記憶之間產生最佳的連結，是將重要概念變成永久記憶的好方法。例如，瞭解英文的「過去式」和「過去完成式」之間的關聯性，有助於加強對過去完成式的記憶。
3. 在學習過程中，如果經常有「記三忘四」的現象發生，就必須調整自己的學習策略，以確保新舊記憶之間的連結。例如，有「讀物理忘數學」的現象，在複習功課時，就要避免將物理和數學一起複習，或是複習數學和物理的時間太過於接近。

4. 如果有高度的刺激或壓力的話，容易破壞一個人的記憶能力。因此，平時就要養成讀書的習慣，避免經常性的考試前過度緊張，以影響考試的成績。
5. 利用視覺記憶強化學習印象，有助於加強長期記憶的效果。
6. 利用各種有色筆標記重點，可以加強學習者的記憶效果。
7. 作筆記時要將教師講的重點，透過文字、圖表、系統圖記錄下來，這些筆記的重點有助於強化學習者的記憶。
8. 閱讀重要概念前，一定要將書桌整理乾淨，並且將可以影響「集中注意力」的因素除去。

學習資優生的策略

1. 用耳朵聽來的重點比寫下來的重點，還要容易忘掉。
2. 背書時大聲唸出來的效果比在內心靜靜細細唸的效果好。
3. 書房要保持安靜，哪怕一支針掉到地上都可以聽到聲音。
4. 如果周圍的環境噪音大，你無法改變的話，可以考慮放一點輕音樂改善，將噪音蓋過去。
5. 第一次讀重點時，可以自己用MP3（或錄音機）錄下自己讀的重點。聽聽自己的聲音，可以感到熟悉也可以加強記憶。
6. 上課時一定要專心聽講，因為它往往是未來決定成績高低的關鍵。
7. 在睡覺前聽聽自己錄的聲音，對學習有正面的幫助。
8. 想要記住一些重要的概念，讀書時一定要比手劃腳加強記憶。

專家的建議

1. 想要加強記憶效果，除了用心之外，也要用嗅覺、味覺、觸覺等感官學習。
2. 需要看地圖的課程，一定要事先準備地圖。需要用到計算工具的單元，一定要備妥計算工具。
3. 讀書的環境一定要空氣新鮮、光線適合、溫馨安靜。
4. 動手作實驗可以加深物理、化學的印象。
5. 保持愉快的學習心情，就不會讀三忘四。
6. 透過實體物件的接觸，可以加深自己的學習印象。
7. 用「心象法」可以增加記憶材料的樂趣。
8. 利用諧音法、故事化、意義化、樂趣化可以讓自己的學習畢生難忘。

名人經驗・馬克思主義創始人　馬克思／任何節約，歸根到底是時間的節約。

2

平時練功篇

實力是在分分秒秒中開始打地基的。一天少讀一點點，10天就少了很多點，等到發現怎麼都不會時，事情已經嚴重了。

本篇就是希望你能從一個點開始，慢慢地進步。等別人發現你的成績好得不可思議時，相信他們的眼神會讓你更有想要讀書的動機。

011 睡覺前的功課

自信心是所有學科學習成功的重要關鍵，想要讀好學科就要增強自己的自信心。

當學生的時光，可能是人的一生中最快樂也最痛苦的時候。快樂的是，在這個階段所交往到的朋友，彼此心結糾葛不會太多，也不會因為利益的關係去斤斤計較。而痛苦的是，考試永遠也考不完，同時要讀的書也讀不完，總是為了明天的考試而熬夜，卻好像怎麼樣也看不見自己的進步。學習的無力感總是從心頭而來。因此，往往放棄學習的人居多，而堅持到底的少之又少。

其實，人的一生永遠都在學習。方向錯了還不一定失敗，但是只要停住了，就絕對成功不了。因此，不管你現在到底成績如何，睡覺前的功課就是給自己滿滿的信心，抱著信心去睡覺，告訴自己「我很好、我很棒」等等話語。

記住，自信心不是驕傲心，是一種內在無形實力的培養。現在，就一起使用自我增強學習法來增強你的自信心。

自我增強學習法

筆記高手的絕招

1. 經常考高分的同學，一定經常面對笑容，因為高分是苦讀的維他命。
2. 唯有考試成績不佳，才會經常面帶愁容。
3. 取得滿意考試分數，如同美麗的化妝師，可以讓自己充滿信心。
4. 如果經常對考試分數不滿意，再怎麼保養自己效果都不佳。
5. 讓分數告訴大家自己有多努力。
6. 考試卷上的高分是高手學習的「蠻牛」。

名人經驗・瑞士教育家　裴斯泰洛齊／今天應做的事沒有做，明天再早也是耽誤了。

讓分數提高自己的尊嚴

1. 考前不努力的人，一定經常垂頭喪氣。
2. 考試成績不好者，一定會看不起自己。
3. 尊嚴通常是成績的最佳代言人。
4. 如果努力了成績仍然不好，要提醒自己多下功夫。
5. 自己如果已經盡力了，成績不好也要抬頭挺胸。
6. 摸著自己的良心問自己是否已經在學習上盡力了。

名人經驗．《哈姆雷特》作者　莎士比亞／放棄時間的人，時間也放棄他。

自我增強學習法

1. 考試成績和自己的努力有關，和緊張或輕鬆無關。
2. 想要知道別人的腦袋裝什麼，要先看看自己的腦袋裝什麼。
3. 不要一天到晚想要擁有別人的腦袋。
4. 每個人的腦袋裝的都一樣，差別在於努力不努力。
5. 考試成績好的學生，腦袋並沒有比任何人好。
6. 發明相對論的愛因斯坦，據說腦袋和一般人沒有兩樣。
7. 每個人的腦袋都是特別的，需要自己好好珍惜。
8. 經常告訴自己「別人可以，我也可以」。

專家的建議

1. 別人的學習點子不一定好，因為他比不上自己的有特色。
2. 經過腦袋想過的學習點子，對自己而言如同多年的好友。
3. 與其聽他人的建議，不妨用自己的腦袋想想。
4. 隨時將自己腦袋中的點子記錄下來，因為有一天會用的著。
5. 勇敢讓他人瞭解，自己的腦袋是最棒的。
6. 將自己最好的學習策略記錄下來，並且持續地運用這種策略在學習上面。

012 早上起床的功課

學習密碼

以快樂的心情讀書，才會在未來的考試中得到快樂。

大部分的人認為早上起床後的精神最好，不過，不是適用於每一個人。因為，前一天熬夜會影響到今天早上的精神。想記的記不住，不想記的就更不應該占大腦的空間。大腦在睡覺，又怎麼能夠記得住、記得牢呢。因此，最好能在前一晚好好的深度睡眠，才能夠在清晨比別人更清醒。

早上最適合於作複習的功課，可以加深於昨日的記憶。因此，利用早上去學習高手如何使用腦袋方法，偷偷的幫助自己取得高分，不要老是玩facebook去偷菜，沒有意義的喔！

名人經驗・名作家 胡適／多談些問題，少談些主義。

學習高手腦袋法

考試高分的意義

考試高分是每一個學生的夢想，也是每一位教師對學生的要求，家長對子女的期望。沒有考過高分的人，就無法享受拿高分的樂趣。如果想要拿高分的話，就需要瞭解高分背後的努力，將各種考試高分者的私家菜，用來做反覆的練習。

考試高分所代表的意義，以及高分之後的報酬，是每個學生都想要的。如果自己經常考試拿高分，就可以體會高分的快樂。如果自己不曾拿過高分，就需要不斷地向考試高分的同學請教。如果習慣羨慕別人，就不會有成功的機會。

過來人的經驗

1. 苦讀不一定拿高分，但拿高分一定歷經苦讀。
2. 在苦讀前要先將重點和關鍵標示出來，才能讀對重點。
3. 讀書時要先讀容易的，再讀困難的部分。
4. 不同的苦讀用不同的學習方法，用對的方法學習比較重要。
5. 不需要苦讀的學科避免用苦讀的方法，例如數學和理化需要的是理解和反覆計算。
6. 想要讓自己的腦袋清晰，考試前就要保持輕鬆的心情。

學習高手的絕招

1. 要記得人腦不像電腦可以記錄大量資料，因此要增加閱讀的時間。
2. 腦袋用來思考，手用來記重點。
3. 看過三遍還是記不起來，才考慮用苦讀的方法。
4. 運用好的讀書方法，才能收到好的效果。例如，可以運用讀書卡以隨時隨地學習的方式，加強對重要概念的記憶。
5. 很複雜的概念用多抄寫幾遍取代苦讀，例如數學的公式在運用前要多看幾遍。

輕鬆讀書拿高分

1. 一樣的讀書時間，讀對重點的效果比較好。
2. 能夠掌握讀書重點的人，通常不必花太多的時間就可以有好效果。
3. 讀書花太多時間的人，通常效果都不好。
4. 想一想如果自己是老師的話，會考哪些內容和重點。將這些重點多讀幾遍，考試成績就會好。
5. 練習讓自己一眼就看出重點的功力，比一天到晚當個書呆子的效果好。

專家的建議

1. 先讀會的，再讀不會的。
2. 先讀簡單的，再讀困難的。
3. 先讀有把握的，再讀沒有把握的。
4. 先讀一定會考的，再讀不一定會考的。
5. 先讀明天要考的，再讀後天要考的。
6. 先讀這週要考的，再讀未來要考的。
7. 先讀考古題的試卷，再讀未來可能出題的內容。
8. 先讀課本內容，再讀參考書的內容。

名人經驗・名作家 胡適／眼到、口到、心到、手到。

013 上下學的時間

學習密碼

對於很難學習的公式，就要儘量發揮豐富的想像力，讀起來就會越容易。

一般而言，往返學校是由家長接送或自己上下學。因為此時一邊行進一邊讀書是很傷神的事情，但是往返學校的路途中，又是很好的帶狀學習時間。只要可以養成學習的習慣，就可以比別人考好成績的能力。

如果，可以利用這時候開口練習說話，或是使用成語來一次口語作文，對於寫作能力的提升有很大的幫助。這時，也可以利用生活點滴聯想法來學習。試試看，去把握每一分鐘、每一秒鐘的學習力。

生活點滴聯想法

自由聯想學習法

自由聯想學習法，是依據著名心理學家佛洛依德的心理分析學說，自由聯想能開拓人類在日常生活中，被無形地壓抑的慾望和情感，打開每個人的潛意識，並開發無窮創造力。此種方法一般比較常用在創作的課程上面，讓學生在無壓抑的狀況下，進行各種學習活動。

名人經驗・馬可孛羅出版社發行人 涂玉雲／從不缺課，打下良好根基。

生活點滴聯想的策略

1. 心智繪圖策略
心智繪圖策略可以把知識或事物做分門別類，它的好處有：(1)代替傳統的筆記方式（如代替上課筆記）；(2)在大腦中建立整體架構（森林—樹—樹幹—樹枝—細枝）；(3)分類可幫助記憶和學習；(4)分類可以幫助思考和決策。

2. 同音字策略
同音字策略是將要學習的概念，透過同音字的運用加強概念的學習和記憶。

3. 世界記錄檔案
一般而言世界記錄指的是「最長的」、「最短的」；「最大的」、「最小的」；「最胖的」、「最瘦的」；「最快的」、「最慢的」；「最多的」、「最少的」等。

4. 個別想像法
想要加強學習效果，可以運用個別想像法，加深自己的學習記憶。例如，歷史、地理的記憶，可以透過自創的想像加深記憶。

5. 比喻類似法
比喻類似法是思想的對象跟另外的事物有類似的地方，就用那另外的事物來比喻這思想的對象，使意義更明白的方法。例如，「瞎子以為太陽的形狀好像銅盤」、「紅燈是人潮的中流砥柱，綠燈是河流缺口的信號」。

6. 概念結合策略
概念結合策略主要的方法，在於將各種學習的抽象概念，和生活中的實際經驗相互結合，以加深學習印象。

學習高手的建議

1. 建立與日常生活中的知識相互結合。
2. 將重要學科的公式和原理原則，聯想成生活中發生的各種事件。
3. 將重要的概念和實際生活結合，並且隨時將這些概念記錄下來。
4. 利用各種類比法加強學習印象，並且將短期記憶轉變成長期記憶。
5. 將各種學科的知識，作系統性的整理，並且在主要關鍵詞作生活事件的聯想。
6. 不同學科的學習，需要透過各種學習方法連結起來。

> 名人經驗・作家 黃芳田／學好一種語言就進駐那個國家。

014 學校早自習

學習密碼

當你容易忘記所學的概念時,就要想辦法運用好的策略來幫助自己。

一般老師會利用早自習考試,有的老師是競爭力很強的老師,在短短40分鐘的時間內,老師會拿出二至三張的考卷給學生練習。平均一張考卷你只有13分鐘可以作答,但是,考試就是這麼一回事。要你練習作答,也要你精熟學科內容。能考高分的人,就是優秀。沒有別的形容詞可以批評。就算是批評,大概也是屬於忌妒心的詞語了。

別忌妒人家,你也可以做到像他一樣厲害。

名人經驗・宋真宗 趙德昌／書中自有黃金屋,書中自有顏如玉。

學習高手腦袋法

遺忘曲線的概念

德國心理學家賀爾曼－艾賓豪斯(Hermann Ebbinghaus)依據實驗結果,提出遺忘曲線的概念。個體學習一個概念時,學習之後如果沒有運用好的方法,這個概念就容易忘記。

學習、記憶和遺忘之間的關係圖

學習後的時間	記憶保留百分比	遺忘百分比
1小時以後	44%	56%
1天以後	34%	66%
2天以後	28%	72%
6天以後	25%	75%
31天以後	21%	79%

相關的研究

1. 學習活動如果停止以後，學習的概念就會開始忘掉。
2. 概念的學習有些可以保留的比較長，有些可以保留的比較短。
3. 好的學習概念可以保留幾天或是幾個月的時間。
4. 如果我們重複學習同一個概念，就可以記得比較久。
5. 最有效的學習是在記憶曲線快速下降時，例如，一天內就要複習。
6. 記憶是可以漸漸增強的，如果每隔一段時間就複習的話，就可以維持比較久的時間。

學習高手的建議

1. 最好的學習黃金時間為一天以內。
2. 放學之後（或課程結束之後），就要將今天的課程重點，作反覆性的複習。
3. 利用卡片標記學習法，可以提昇自己的學科能力。
4. 英文單字、數學公式、理化通則可以運用卡片標記學習法。
5. 國文的成語和生字透過卡片標記學習法，可以加深學習者的印象。
6. 將各科記憶卡片隨時攜帶，可以利用時間隨時複習。

卡片標記學習法

利用卡片將各科的重要概念，標記或寫在卡片上面，隨時提供複習的機會，並且配合零碎時間的運用，將重要的概念隨時隨地學習。配合上述的遺忘曲線和記憶與學習之間的關係，有助於加強學習者的學習印象。

專家的建議

1. 瞭解自己的記憶曲線，就可以找到增進學習效果的好方法。
2. 瞭解自己的遺忘曲線，也可以避免不必要的遺忘。
3. 利用自己的記憶曲線和遺忘曲線，可以增進各科的學習效果。
4. 最好的學習黃金時刻是一天以內的複習。
5. 養成每天複習今日功課的習慣。
6. 複習功課也要做到「今日課、今日畢」的習慣。
7. 隨身攜帶的卡片，在內容方面要相互連結，效果才會好。
8. 好的記憶卡如同考試「開天眼通」一樣的效果。

名人經驗・戊戌變法領袖 梁啟超／腦力高下不在記憶而在分析。

015 上課時間

在學習不同學科時採用屬於自己的最好方法,就能成為學習的東方不敗。

名人經驗・新文化運動領導人 魯迅／懷疑並不是缺點。

上課時間就是你主要學習新的功課與複習舊的功課時,最佳學習的黃金時機。這時你的瞌睡蟲已經飛走了,早餐也已經消化成能量了,當然,眼睛、鼻子、耳朵、嘴巴等等都已經開竅了,連靈魂也定位了。因此,上課的學習就是你決定勝負的關鍵。

大部分的學生以為,回家不停地唸書才是學習高手決定勝負的關鍵。其實,這是極大錯誤的觀念。因為,早上上課時間,你的學習力最好,精神也最好。一旦錯過了這時的黃金學習時間,不去吸收最多的知識,那麼,把名次拱手讓人也不意外了。

使用學科學習高分法,讓你的學習事半功倍,無往不利。

學科學習高分法

學習高分的關鍵

1. 改變學習方法,就是考高分的關鍵。
2. 學習動機是決定學習成敗的重要關鍵。
3. 寫作和閱讀測驗想要拿到高分的關鍵,絕對在片語的運用。
4. 英文考試高分的關鍵,在於你背多少單字。
5. 數學科高分的關鍵,在於你會算多少類型的數學。
6. 史地科高分的關鍵,在於你在地圖上標示過多少國家和多少人事。
7. 理化學科高分的關鍵,在於你對物理、化學有多少的理解。
8. 寫作文高分的關鍵,在於你曾經讀過多少經典文章。

學習高分的策略

1. **國文科**
   (1)語文的基本能力；(2)對中國文學的欣賞能力；(3)蒐集資料的能力；(4)表達情感的能力。

2. **數學科**
   (1)數學的字意一定要瞭解；(2)數學解題訣竅要熟悉；(3)玩數學但不要被數學玩；
   (4)多花時間計算；(5)數學在生活上的應用；(6)每個數學都要理解。

3. **英文科**
   (1)字典不離手；(2)單字一定要記；(3)句型要熟悉；(4)多聽多說多講多寫；(5)英語融入生活中；
   (6)營造英語的學習環境。

4. **歷史科**
   (1)熟悉人事時地物；(2)瞭解歷史的意義；(3)橫的聯繫和縱的連貫；(4)歷史的現代意義。

5. **地理科**
   (1)養成看地圖的習慣；(2)瞭解空間的分配；(3)地理位置的道理；(4)環境、氣候、物產。

6. **生物科**
   (1)看圖學習效果好；(2)理解、應用與分析；(3)生命現象的瞭解；(4)生物三法寶：課本、筆記、題庫。

7. **理化科**
   (1)上課重筆記；(2)聽講重理解；(3)親自動手作實驗；(4)三心二意想想看。

學習高手的錦囊

1. 該活用就要活用，避免過度苦讀。
2. 讀多一點不如讀對重點。
3. 掌握考古題，因為重點是永遠不會改變的。
4. 高分族的五大生態：時間生態、課本生態、上課生態、複習生態、讀書生態。
5. 掌握自己的專長科目，對於有把握的科目一定要將分數穩穩拿下來。
6. 看了3遍還是不會的概念，就要考慮寫下來以加強自己的記憶。
7. 在對的時間，用對的方法，讀對的重點。
8. 考試分數透露出自己準備的程度，以及使用方法的對與錯。

名人經驗・詩仙 李白／天生我材必有用。

016 下課時間

學習密碼 運用學習地圖的概念,可以提升學習方面的潛力。

下課時間你該去上廁所、去喝水,或是呼吸一下新鮮空氣。無論再怎麼會讀書的人,腦袋也要放輕鬆才能裝下更多的知識。當然,如果你的專注力足,而且可以繼續馬拉松式的學習,此時也可以採用學科重點整理法,來強化你在課堂所學到的知識。

學科重點整理法

MASTER加強學習法

1. 正確的心智 (getting in the right state of Mind)

在學習任何課程或概念時,必須要具備學習的信心,從正面的角度看自己的學習,瞭解學習對自己有正面積極的意義。

2. 吸收資訊 (Acquiring the information)

找出自己最適合學習的方式,學習各種知識和概念。透過自己的聽覺、視覺、動覺等感覺器官,將各種學習的訊息和概念,記錄下來並且加以整理歸納。

3. 找出正確的意義 (Searching out the meaning)

在學習過程中,瞭解學習本身所代表的意義,並且將學到的知識,正確地運用並且加以珍惜。

4. 啟動學習記憶 (Triggering the memory)

將各種學習概念和知識,轉化成為長期記憶。在未來的生活中,隨時可以將知識活用,並且解決各種問題。

名人經驗‧唐宋八大家 王安石／貧者因書而富,富者因書而貴。

5. **呈現所知 (Exhibiting what you want)**
    經由自我測驗、練習、自我評量、生活應用等方式,將各種學到的知識呈現出來,並且和他人分享。
6. **反省如何學習所得 (Reflecting on how you have learned)**
    將各種學習過程,透過發問、進度規劃、報酬、學習控制等方式,反省如何學習所得,並且將方法行塑成為思考的模式。

學科重點整理策略

1. 依據學科性質,將學科知識歸納並且分類。
2. 勤作筆記並且將重點歸納寫在筆記上。
3. 有效運用各種類型的筆記:逐字抄寫筆記法、選擇主要觀念筆記法、連結自己的觀念筆記法。
4. 增加有系統性的標示,在課文(或文章)中透過文字、數字、顏色、底線、符號等,將知識和重要概念標示出來。
5. 將概念與概念之間的關係整理的更加明確。

標示重點的方法

1. 劃底線。
2. 編上數字。
3. 寫上(或選擇)提示字。
4. 文字摘要。
5. 各節要點。
6. 顯目顏色。
7. 有色筆標示。
8. 便利貼標重點。

名人經驗・唐宋八大家 蘇洵/一忍可以制百勇,一靜可以制百動。

017 中午休息時間

學習密碼

瞭解自己的學習方法，才能找出最好的學習策略。

以前讀書時，我最喜歡的就是中午休息時間。因為可以吃便當，又可以睡午覺，真的好開心。就連現在，中午一吃完飯就想睡午覺了，不知道是不是當時養成的習慣。但是，也許是因為如此，面對下午上課時間，我就比較不覺得累，也不會打瞌睡。放學後，我也可以比較有體力去補習。

順帶一提，家裡有錢的孩子才能上補習班補習。好好珍惜父母的錢，讓你有補習的機會。

名人經驗‧《神童詩》作者 汪洙／學問勤中得。

自我觀察記錄法

意義學習理論

教學理論學者奧斯貝爾指出，學習的材料要能配合學生的既有認知結構，學習才會變得有意義。因此，學習者在學習過程中，必須將各種材料意義化，並且和生活經驗、事件，相互結合才能強化學習效果。

自我觀察記錄法

1. 記錄每天的學習活動。
2. 記錄自己每天的讀書時間。
3. 記錄每天學科學習的時間。
4. 記錄每天寫回家作業的時間。
5. 記錄每一個學科平時考試成績。
6. 記錄每一次考試的學科成績。
7. 記錄每一學期的學科成績。
8. 將上述的紀錄，做成一個統計圖表。

關鍵字筆記法

1. 左腦式關鍵字筆記法：在一般筆記簿的左側寫下關鍵字。
2. 檢查關鍵字的方法：將筆記簿中的關鍵字遮起來，猜猜看右邊寫些什麼。如果可以正確的講出來，代表筆記的學習策略是正確的；將右邊的文字遮起來，猜猜看左邊的關鍵字是什麼，如果正確猜出來的話，也代表策略的運用是對的。
3. 圖像記憶術的運用：將筆記簿中的重要概念，透過圖像方式呈現出來（例如，用簡單的圖表示概念）。如果可以將各種重要概念，轉化成為簡單的圖像，代表讀者已經將重要概念，記在腦海中成為長期記憶。
4. 心智繪圖法的運用：心智繪圖法的主要概念，在於將所學習的各種概念，透過圖形或圖表方式，將心智繪圖畫出來。此種策略的運用，有助於學習者將學習概念內化成為自己的記憶。

學習高手的方法

1. 透過自我觀察記錄，將自己的學習情形記錄下來。
2. 以國中地理為例，書房中至少要有世界地圖、中國地圖和台灣地圖。在地圖上標示，哪些省份、哪些地方、哪些國家，已經學習並且熟悉了。
3. 每天要簡單地記錄自己讀過哪一科、哪一個單元。
4. 對於不熟的科目和單元，要多用些時間複習。
5. 不會的概念或單元，必須運用抄抄寫寫的方式反覆學習。
6. 將考試卷的答案遮起來，練習看看是否已經全部都會。
7. 利用反覆校對方式，瞭解自己在該單元的學習程度。
8. 考古題可以協助自己瞭解準備的情形。

名人經驗・詩聖 杜甫／讀書破萬卷，下筆如有神。

018 下午上課時間

學習密碼　學科歸納的重點在於注意、知覺、理解、組織的認知歷程。

普遍來說,下午上課時間的心情會好一點。也許是平時小考的心情已經放鬆了一些,而且精神也比較不那麼緊張的原故。但是,下午一樣會考試,也一樣會因為考不好而被修理,但就是會有一種快要解脫的感覺。

你一定會覺得,上課就是上課,還分為上午與下午。沒錯,因為人放鬆之後,學習力反而會因為壓力的釋放,而可以吸收更多的知識。所以,下午時光是吸收課程很好的黃金時段。

這時候可以採用學科歸納分析法來進行一邊學習一邊歸納的方式,讓自己可以在下午的時光中,就開始複習的功課。

名人經驗・宋理學家　朱熹／少年易學老難久成,一寸光陰不可輕。

學科歸納分析法

學科歸納的要領

1. 將學科的內容主題標示出來。
2. 將主題的重要內容依據學科性質列舉下來。
3. 有條理順序的將重點摘要出來。
4. 將重點先後順序排列出來。
5. 列出學科內容的關鍵字。
6. 將學科的主要概念、次要概念、小概念排列出來。
7. 將概念和學科內容熟讀。
8. 學科內容的閱讀作簡單的註解。

學科學習的歷程

注意歷程：對於學科的重要概念，可以透過學習，瞭解重點之所在，並且將重點標示出來。

知覺歷程：對於學科的重要概念，可以透過知覺歷程，瞭解重點的內涵在哪？哪些概念（或文字）是學科的重點？考試一定會出來？

理解歷程：對於學科的重點，可以理解重點的內涵，並且舉實際的生活例子，作為強化概念學習。

組織歷程：在學科重要概念學習之後，可以將各種次要概念、主要概念組織起來，成為自己知識的一部分。

學習典範的方法

1. 先將學科內容廣泛地閱讀。
2. 閱讀之後，利用各種符號將重點標示出來。
3. 將標示之後的重點，依據概念的原則歸類好。
4. 歸類好的概念，依據主要概念、次要概念排列。
5. 將概念的關鍵字以字條方式列出來。
6. 對於關鍵字的大標題，將過去所學的知識作延伸思考。
7. 舉生活上的實際例子，作為概念的說明之用。
8. 完成自己的學習地圖。

專家的建議

1. 先閱讀學科學習內容。
2. 將內容重點標示出來。
3. 請教師長標示方法是否正確。
4. 運用經過師長修改的標示方法，將重點標示清楚。
5. 用自己最熟悉的語言將關鍵字寫下來。
6. 將各種概念的關鍵字排序並補充相關資料。
7. 舉生活上的實際例子，作為加強印象之用。
8. 完成學科的精熟學習。

> 名人經驗・宋理學家 朱熹／為學讀書，須是耐煩。

019 星期假日時間

名人經驗・台灣文字評論家 蔡源煌／學英文要避免中式思考。

> 真正的學習高手可以做到隨時隨地隨處都可以學習的功夫。

我曾經看過一本學習英語的書，其中一位考上台大醫學院的學生提到，很多人以為他是天才，因為基因很好才那麼會讀書。可是，其實，他認為，當他的堂弟在上網偷菜時，他正在背英文單字。當他的表妹在假日去逛街時，他却到教堂向外國牧師學英文。星期日的禮拜堂一到，他就擔任牧師的翻譯。他說，他很羨慕那些可以自由自在放下讀書、出去看電影、去逛街的朋友。但是，他想考上台大醫學院，所以這一切他都要忍下來。

雖然，你不一定要像他一樣，忍住自己一時的快樂，但是他用功的精神你應該學習。

我一直記住這個故事，也隨時隨地的提醒自己，不要放棄學習。因此，隨時隨地學習法就是幫助我，每天學習的策略。

隨時隨地學習法的步驟

24小時所代表的意義

上帝給全世界最公平的一件事，就是每一個人一天都有24小時。有一項調查指出，全世界的國中生在一天24小時中，平均有7個小時在睡覺，9個小時在學校上課，2個小時用在吃飯、聊天、洗澡、換洗衣服等，2個小時在補習班上課，3個小時用在準備功課或寫作業，1個小時用在發呆或作其他私事。

24小時在數字的意義

24小時從數學的時間單位分析，總共有1440分鐘，86400秒。聰明的你如果想要擁有和一般學生不一樣的24小時，就必須要從一年365天的角度，看一天24小時對你自己的意義。換句話說，你在學習階段的各種計畫，應該以一學期或是一年作單位，進行規劃會比較理想。

有效運用24小時的秘密

1. 睡覺時間不可以少，每天的睡覺時間要固定（例如，晚上10:30以前睡覺）。
2. 在學校上課時要專心聽、作筆記、劃重點、反覆練習。
3. 補習班上課時間可以用來準備各科考試，必要時可以錄音下來反覆聽。
4. 寫作業可以利用零碎時間，各科的作業可以在教師講解時順便完成。
5. 洗澡、洗衣服、整理房間工作可以同時進行。
6. 養成良好的習慣就不必花太多時間在處理雜事上。
7. 將每天、每週、每個月需要處理的私事，以行事曆的方式記下來。
8. 用便利貼提醒自己每天必須作的雜事，事情完成之後就將便利貼撕下。

隨時隨地學習法

1. 想想看，在一天24小時中，你是如何分配時間的呢？
2. 除了學校的學習生活外，有哪些時間是用在複習功課？
3. 扣除學習和複習功課外，有哪些時間是無形中浪費掉的。
4. 一天中有很多的零碎時間，可以用來學習，例如等公車時間、等吃飯時間、坐公車等，都可以用來進行學習活動。
5. 如果將學科的重要概念做成「隨身攜帶卡」，就可以配合隨時隨地學習法。
6. 將每天浪費掉的時間，用來複習平常容易遺忘的概念，效果會比坐在書桌前複習還要好。

高手的建議

1. 減少浪費時間，就可以比一般學生擁有更多的時間。
2. 將1分鐘當作10分鐘來用，你就不會有浪費時間的不好習慣。
3. 如果每天讀3個英文單字，一年就可以讀1095個單字，三年就可以讀3285個單字，用來準備國中英文基測就足夠了。
4. 當你覺得時間不夠用時，就要改變自己運用時間的方法。
5. 如果經常感到時間不夠用，就要檢討自己的學習策略。
6. 聰明的人懂得運用時間，平凡人被時間牽著鼻子走。

名人經驗・諾貝爾物理學獎得主　楊振寧／不鑽牛角尖，要有自己的見解。

020 反覆記憶的習慣

學習密碼

掌握學科的結構才能進行有效率的學習。

填鴨式的記憶雖然總是被人垢病,但是初期學習時的最有效的記憶,除了填鴨式的記憶,似乎沒有更好、更容易、更快的方法。即使強力使用理解與運用,初期對於新知識的學習,填鴨式的記憶是不可或缺的方法。

雖然,很多人都叫你不要用填鴨式的記憶,但是,你如果不用,成績就會一落千丈,很快就跟不上別人。所以,填鴨式的記憶是你非用不可的學習方法。

不過,只要你把填鴨式的記憶與學科結構歸納法交互運用,你就不會背得那麼辛苦,也不會背得這麼累了。

名人經驗・村上春樹小說翻譯者 賴英照／翻譯是學習語言的捷徑。

學科結構歸納法

學科結構的意義

1. 學科結構就像人的身體一樣複雜。
2. 學科的結構包括學科內容以及學科的本質。
3. 學科結構一般都會用知識來表示。
4. 想要瞭解學科的結構,一般的參考書每一章前面都會有。
5. 透過學科結構可以瞭解學科內容的完整架構。
6. 完整的學科結構包括所有的學科內容知識。

有效歸納學科結構

1. 將學科的內容完整架構畫出來。
2. 編排學科完整的結構關係圖。
3. 在進行學科學習前,要先瞭解學科結構。
4. 將參考書中的學科結構關係圖先瀏覽一遍。
5. 在學科結構的知識系統旁邊加註實際的例子。
6. 如果對學科結構內容的知識不瞭解的話,要隨時查閱課本的內容。

學科結構的運用策略

1. 將學科最基本的知識建立起來。
2. 將學科基本知識熟悉一遍。
3. 花時間閱讀學科結構知識。
4. 閱讀學科結構知識時,舉生活上的例子作為佐證。
5. 重複練習學科知識,並且成為自己的學習知識庫。
6. 透過學科知識的學習,瞭解各種重要的概念。
7. 建立完整的學科結構圖。

學習典範的建議

1. 繪製圖表有利於加強學習印象。
2. 繪圖的功夫有利於加深記憶。
3. 進行概念與概念之間的連結。
4. 學科學習時要準備學習輔助工具。例如,學習台灣地理時要在「台灣地圖」上將重點標記出來。
5. 進行主題式的學習,可以加深學習效果。例如,化學的「週期表」,不同元素之間的關聯性。

名人經驗・前台大校長 錢思亮／勤做筆記,記憶和思考並重。

平時練功篇 | 43

筆記欄

3

學習篇

　　學習者都知道,在家要自習,上課之前要預習,回家要複習。可是,沒有人告訴我們,到底要怎麼去自習、預習與複習?自我評量、小考、中考、大考、入學考與如何檢討考卷?到底要怎麼做,才能達到學習上的事半功倍的效果。因此,針對這幾種學習上的專有名詞,設計出下列的讀書方法與策略。利用這幾種方法,好好地策略運用,相信會很快地達到高分的成績效果。

021 自習

快速標出重點和猜對考試題目的效果一樣。

自習，顧名思義就是自我學習。

如何自我學習是有標準的。在心態上，必須自動自發，而非由父母親強逼；在讀書方法上，必須要使用策略與方法，才能真正達到自習的效果。

重點標示學習法

OK4R學習法

1. **瀏覽（Overview）**
   利用5分鐘的時間，瀏覽標題、摘要，以瞭解整理章節次序及重要段落的概略意思。
2. **重點（Key ideas）**
   在瀏覽之後，將標題中的要句轉化為問題，或在內容及形式上找出課文重點所在。
3. **閱讀（Reading）**
   仔細閱讀之後，要標示出重點，並且刻劃要句、撰寫心得、深入理解課文中的重要概念。
4. **回憶（Recall）**
   閱讀之後不看書本，並且儘量用自己的語言說出或寫出剛讀過的重點，即時對自己進行測試理解，如果記憶的情形不佳，就要再讀一次了。
5. **思考（Reflect）**
   「回想」只能抓住書本上的知識，必須經過「思考」，想要學習的知識才是真正屬於自己的東西。將新獲得的知識與舊有已知的知識整理一下，便可擴大自己的認知層面了。
6. **複習（Review）**
   在適當時機或一定時間之後，重複前述的步驟。每次加強學習，找出新的或更多的重點，好使自己的理解及記憶可以更加牢固。

名人經驗・前成大文學院院長 黃永武／走最笨的路，做最紮實的學問。

學習高手的建議

1. 用各種不同顏色的筆,將重點標示出來。
2. 標記的方法又分「文字標記」、「線條標記」、「螢光筆標記」、「特殊記號」等。
3. 將課文中的「主旨」、「重點」、「主要標題」、「次要標題」、「關鍵字」、「重要名詞」、「重點」等標示出來。
4. 讀完一個段落之後,再將重點標示出來。
5. 不要在課本中標示太多的重點,否則就會失去標示重點的意義。
6. 可以將重要的概念,用數字標示出來,例如1、2、3等。
7. 重要的名詞可以用圓圈圈方式標示出來。
8. 有效率的畫重點,就能收到好的複習效果。

專家的建議

1. 標示太多的重點,就會失去標重點的效果。
2. 容易忘掉的概念,一定要記在筆記本中。
3. 練習快速將重點標示出來的能力,就能提高學習的效果。
4. 對於有質疑的地方,要多花一些時間學習。
5. 在課本空白處,將重點摘錄下來,有助於提高記憶效果。
6. 課本中的主要概念,可以用畫重點、作眉批、有色筆標示方法標示出來。

名人經驗・散文大家 梁實秋/選擇權威版本閱讀。

022 預習

掌握學習的關鍵，就可以掌握未來的成績單。

預習，顧名思義就是事先自我學習。如何預習是有標準的。下列文章就介紹如何將預習達到最好效果的方法。

名人經驗・教育心理學權威 張春興／多重感官並用，效果倍增。

快速掌握重點法

快速掌握重點的好處

1. 讀書需要的時間比別人還要少，但是可以拿到比別人高的成績。
2. 讀書可以達到事半功倍的效果，稍微花一些時間就可以達到好的效果。
3. 讀書不必花太多時間死背知識，透過腦袋的轉化可以達到好的效果。
4. 面對考試時可以不必過於緊張，容易猜到考試題目並且拿到高分。
5. 快速掌握關鍵的好處，就像還沒進考場就知道題目和答案一樣。
6. 可以更有效運用時間，比其他同學擁有更多的時間可以使用。

快速掌握重點的訣竅

1. 讀書要先將課本瀏覽一遍，並且將重點標記出來。
2. 書局買來的參考書，都會將課本的重點歸納好。
3. 將參考書的重點和課本的重點對照。
4. 需要補充的重點一定要記在課本上面。
5. 課本中特別標示出來的地方，一定就是該單元的重點。
6. 同樣的文字（或概念）如果一再重複出現，就是該單元的重點。
7. 每一單元的關鍵字，就是該單元的重點。
8. 老師上課一再重複強調的地方，就是未來會考的重點。

學習典範的建議

1. 將課本的重點作系統性的整理,有助於幫助自己瞭解重點。
2. 上課作的筆記要記得和參考書歸納的重點作對照,將筆記中漏掉的重點補寫下來。
3. 當閱讀一單元(或課)時,一直找不到重點所在,就必須參閱參考書的重點整理。
4. 看到認為是關鍵字時,要提醒自己特別注意,多花一些時間閱讀。
5. 將抽象不容易記下來的概念,在腦海中想一想直到理解之後。
6. 讀書一定要讀重點,否則就是浪費時間。
7. 想想看這個單元的目的在哪裡?希望學生可以學到哪些重要的概念。
8. 歸納三張同範圍的考古題,你就可以猜出下一次考試的內容。

專家的建議

1. 讀書一定要養成預習、複習、再複習的習慣。
2. 每一次複習都要掌握時間專心的閱讀。
3. 要珍惜每一課的課堂學習時間,將老師講的重點記下來。
4. 對於不會的重點,或是考試中容易出錯的地方,一定要特別注意。
5. 讀書不要經常死記死背,一定要透過理解方式將課文記在腦海中。
6. 多多練習考古題,將考古題中不會的題目多讀幾遍,或是多作幾遍。
7. 複習功課時一定要將資料作歸納,並且將重點掌握好。
8. 不會的題目一定要多請教師長或同學,直到自己弄懂為止。

名人經驗・環宇文教董事長 黃石城/善用工具與時間讀書。

023 學習

最好的作筆記方法可以達到「1+1=5」的學習效果。

學習，顧名思義就是自我學科學習。
如何學習是有策略與方法。下列就介紹如何將學習達到最好效果的方法。

名人經驗・新聞主播 廖筱君／依循興趣，開闊領域。

課堂勤作筆記法

有效率作筆記的關鍵

1. 在閱讀課文之後，將所有的重點摘錄下來。
2. 筆記中的重點，都是未來考試的重點。
3. 筆記是考前最後抱佛腳的關鍵。
4. 筆記可以補我們記憶上的不足。
5. 勤記筆記可以加深我們的學習印象，也可以加深自己的學習記憶。
6. 好的筆記不僅是提供未來考試的線索，同時可以降低我們的學習焦慮。

高效能的筆記策略

1. 可以在很短時間就掌握重點。
2. 考試前如果只讀筆記的話，至少可以拿到80分以上。
3. 如果準備考試的時間有限，筆記可以發揮短時間的功效。
4. 筆記上面不僅僅記重點，同時可以提供簡單的例子讓你理解。
5. 記筆記如果無法提高學習效率的話，就要檢討作筆記的方法。
6. 分科作筆記才能將各種概念釐清，不至於產生混亂的現象。

學習高手的筆記本

1. 閱讀學科時，要養成隨時畫重點的習慣。
2. 要能隨時在自己的課本上面，作重點的摘要和摘錄工作。
3. 在進行閱讀時，可以順便將重點摘記在筆記簿上面。
4. 上課時將重點記在學科筆記本上面。
5. 筆記的字跡要清楚、端正，以方便未來閱讀之用。
6. 依據學科的單元、課名作重點的摘錄。
7. 在下課之後要利用時間整理筆記。
8. 隨時將筆記中的錯別字修改過來。
9. 筆記中比較難的概念，要查閱相關的課本或參考書。
10. 隨實做好各科的筆記，將重點記在筆記本中提醒自己。

專家的建議

1. 好的筆記等於考前瞭解題目。
2. 筆記有助於加深學習印象，同時可以培養摘要重點的能力。
3. 寫筆記可以練筆跡，也可以加深學習印象。
4. 筆記本不要全部寫滿，預留一些空間可以隨時補充之用。
5. 將考古題記錄或貼在筆記本中，可以隨時和上課重點作對照。
6. 筆記本的樣式最好和課本的長寬一樣，可以方便攜帶並且隨時學習。

名人經驗・宗教家 聖嚴法師／閱讀能豐富人生。

024 複習

短期記憶的容量有限，長期記憶的容量無限。

複習，顧名思義就是自我學習後學科學習。
如何複習是有標準的。下列就介紹如何將複習達到最好效果的方法。

名人經驗‧旅行生活實踐家 褚士瑩／自己有無進步比分數重要。

長期記憶轉換法

短期記憶的意義

短期記憶指的是在外界一件事物進入腦海中，只能停留在腦中短暫時間，而無法成為我們永遠的記憶。例如，上數學課時老師講的一元二次方程式的概念。如果我們不想辦法透過各種方式的話，這個概念很容易就會從腦中的記憶庫中消去。

長期記憶的意義

長期記憶指的是外界的事物，進入腦海中成為短期記憶之後，經過編碼的方式，成為我們永遠的記憶。例如，我們的姓名、身分證字號、家裡地址等。長期記憶的事物，如果沒有在經過一段時間之後，再加以複習的話，就容易由長期記憶變成短期記憶，再進而從腦中消除。

長期記憶轉換法

1. **複述**：複述的方法只要是將學習的內容或概念，透過反覆地默讀、朗讀或背誦的方式，達到學習上的精熟程度。例如，化學課的週期表，就必須透過不斷複述的方式，才能成為長期記憶。

2. **組織**：組織的意義是我們可以將所學的概念或內容，以有系統的方式整理歸納、分類，並且透過各種學習概念圖的方式，成為記憶中的長期記憶。例如，生物課學習時的分類「界」、「門」、「綱」、「目」、「科」、「屬」、「種」等。

3. **心像**：心像是將學習的概念和內容，在腦海中轉換成各種記憶的畫面，以形成各種視覺意象幫助我們的記憶，並且可以將各種資料儲存在長期記憶中。例如，熟讀中國地理，就可以瞭解「長江流過哪九省」、「黃河經過哪九省」等資料。

4. **意義化**：是將學習的主要內容，可以和日常生活中的各種事物和概念串連，或是將新的內容連貫起來，使學習的事物成為腦海中的長期記憶。

學習高手的建議

1. 想要記抽象的概念，一定要先瞭解概念本身的意義。
2. 想想看我們不會忘記自己的名字、身分證字號、家裡地址的原因，在於我們日常生活中會經常使用。
3. 將所要學的地理地圖貼在書桌前最明顯的地方，每天多看幾遍就會成為長期記憶。
4. 將歷史系統圖貼在書桌前，對於歷史的學習效果是相當好的。
5. 閱讀、朗讀、背誦等是將短期記憶轉換成長期記憶最好的方法。
6. 將容易忘掉的概念，寫在「隨身卡」上面，可以透過「隨時隨地學習」的方式加深學習印象。
7. 不想要忘掉，就要經常使用。
8. 利用自己腦袋最清醒的時刻，將容易忘掉的概念多讀幾遍。

專家的建議

1. 每個人的短期記憶容量有限，但長期記憶卻是無限的。
2. 想想看我們看的電視內容為什麼不容易忘掉呢？
3. 將讀書和看電視作一個分析比較，找出最好的學習方法。
4. 想想看哪些概念是自己最容易忘掉的，將這些概念整理之後，想想看有哪些方法可以克服。
5. 「經常使用」是維持記憶最好的方法。
6. 腦袋中不容易記起來的概念（或內容），最好做成「隨身卡」可以隨身攜帶、隨時學習、隨時加深印象。

> **名人經驗**・英國劇作家 莎士比亞／書籍是全人類的營養品。

025 自我評量

最後的勝利者，在於平日就自我挑戰。

自我評量，顧名思義就是自我練習與考試。

這包含著習作的練習，與自我參考書的練習。如何自我評量是有方法與策略的。下列就介紹如何達到自我評量最好效果的方法與策略。

自我挑戰學習法

自我挑戰的原則

1. 改變自己的學習動機，自我鼓勵只要付出、挑戰自己的能力就能成功。
2. 瞭解自己的學習程度，並且依據自己的程度，設定一個比較高的學習目標。
3. 向擬定的較高學習目標挑戰，透過各種有效的方法與策略，達成高一級的目標。
4. 運用學習由淺到深，由容易到難，協助進行自我挑戰，最後進行獨立學習。
5. 當自我的動機越來越強時，可以考慮加深目標的難度。

自我挑戰的關鍵

1. 瞭解自己的學習能力和程度。
2. 依據自己的能力和程度，訂定一個可以達到的目標。
3. 目標的訂定和動機，要讓自己可以達成目標。
4. 避免在自我挑戰中，因為各種困難而失去信心。
5. 提供一個具有誘惑性的條件，當自我挑戰成功後的獎勵。例如，挑戰成功後買一本夢想多時的課外讀本。

名人經驗・英國劇作家 莎士比亞／在時間的大鐘上，只有兩個字——現在。

自我挑戰的策略

1. 相信自己的能力,並且注意各種可變的因素。
2. 避免過於強調外在動機,例如過於依賴獎品或獎金。
3. 運用鼓勵性的語調建立學習環境。
4. 從自己的興趣與內在價值出發。
5. 建構學習以達到自我實現經驗。
6. 運用回饋作用並避免為失敗找藉口。
7. 瞭解自己的需求並自我尊重。
8. 運用多面向的學習任務。

專家的建議

1. 在學習前要瞭解自己的程度。
2. 勇於向更高階的項目挑戰。
3. 挑戰失敗之後,不可以將問題推卸給外在環境。
4. 虛心檢討失敗的主要原因。
5. 透過失敗原因,修正自己的學習方法與策略。
6. 觀察其他同學成功的原因。
7. 試試看成功者的策略和方法。
8. 修正自己的策略,並且形成另一個學習策略。

名人經驗・神學院院長 周聯華/動機要強,方法要正確。

026 小考

學習密碼：運用學習記錄表瞭解自己的學習情形，有助於提升學習效果。

小考，顧名思義就是小範圍的評量，範圍約為一課的量。這通常發生在老師平時小考的範圍。一般而言，老師會在這一堂上完課後，於下一堂上課前作小考。例如，上完英語第一課後，於下一堂作英語第一課的單字、片語、課文翻譯等小範圍的考試。

名人經驗‧民間司法改革基金會創辦人 林敏生／閱讀是一生一世的興趣。

成就記錄學習法

學習記錄表參考格式

科　　目	國中數學
單元名稱	二元二次方程式
學習進度	解二元二次方程式
學習程度	從70％達到80％
重點摘要	1. 2. 3.
加強概念	1. 2. 3.
學習方法	1. 數學運算 2. 公式熟記
備　　註	

學習記錄表的意義

1. 利用簡單的表格記錄自己的學習，並且將關鍵字摘要下來。
2. 詳細記錄學科的學習過程，尤其是瞭解和需要加強的概念。
3. 在學習之後，可以透過記錄表加強檢討與反省。

56　國中生學習方法的第一本書

學習記錄表的關鍵

1. 將自己學習中不懂的地方記錄下來。
2. 記錄表中難懂的概念，要找出答案並且融會貫通。
3. 將記錄表中的項目，分成幾個細項，如果已經完成就打「V」。

學習記錄表的策略

1. 在學習前依據學科的需要，擬定一個完整的學習目標。
2. 將目標寫在記錄表上面。
3. 如果經過學習，已經將重要的概念學會，並且已經融會貫通，就在項目中打「V」。
4. 做好每週的學習記錄表，依據記錄表中的項目，加強學習並且達到預定的目標。
5. 在每一次考試前，應該要為自己設計一個充分的當月學習計畫。
6. 學習計畫的份量，應該要配合學校的教學進度。
7. 如果自己的學習進度落後的話，就要利用假日將學習進度補過來。
8. 在完成學習進度之後，應該將重點整理出來。

專家的建議

1. 學習記錄表應該要以科目和週次為主要的單位。
2. 依據科目的不同，每一週要記錄詳細的學習。
3. 列出下週要完成的學習。
4. 在完成學習表之後，要做出重點摘錄。
5. 以月和週作單位，結合學校的學科學習。
6. 學習記錄表要「今日事、今日畢」，避免有拖延的現象。
7. 隨時翻閱自己的學習記錄表，如果有落後的話要記得找時間補回來。
8. 依據自己的學習，詳實記錄學習情形。

名人經驗・考試委員 陳皎眉／不論學什麼，一定想辦法把它弄懂。

學習篇 | 57

027 中考

學習上最持久的動機是來自內心的動機。

中考，顧名思義就是中範圍的評量，範圍約為五課的量。這通常是指期中考而言。一般學校會把期中考分為二次到三次，這時就會考出你平時有無用功及你的學科基礎實力。一般而言，平時期中考能得高分，則於入學考時分數不會太糟糕。

名人經驗‧前台大校長 陳維昭／痛快玩樂，用功唸書。

歷史事件學習法

訊息處理理論

訊息處理理論的重點，強調我們在學習過程中，如何將感官察覺、注意、辨識、轉換、記憶內在心理活動，吸收並且運用知識的過程。具體而言，訊息處理理論強調的是我們怎麼樣將所學到的東西，變成我們腦袋中的記憶。

Clark和Start提出的學習方式和記憶量的關係

記憶的來源	記憶量	學習和記憶的類型
聽講	約20%	透過語言直接吸收各種訊息（被動學習）
看圖	約30%	透過視覺吸收各種訊息（被動學習）
聽和看：看電影、看展覽	約50%	透過視覺吸收訊息（被動學習）
自己說：參與討論、發表、發表意見	約70%	透過「作中學」加強學習記憶（主動學習）
親自作和說：演示、模擬、實際參與、模擬實際情形	約90%	透過吸收和參與方式接收訊息（主動學習）

歷史事件學習法

歷史事件學習法的運用，是透過腦海中長期記憶的概念，將所要學習的新概念和生活事件，作緊密的結合。歷史事件學習法通常和自由回憶法、順序回憶法、線索回憶法等方式一起運用，以加強學生的學習效果。

學習高手的策略

1. 最好的學習方式和記憶量，是運用主動學習的方法和策略。
2. Clark和Start的研究指出，想要學好東西一定要自動學習。
3. 親自作和說並且運用演示、模擬、實際參與、模擬實際情形等方法，可以讓自己的記憶量提高到90%。
4. 想想看自己的學習方式和記憶量，屬於「被動學習」或「主動學習」。
5. 如果自己的學習方式是「被動學習」的話，就要慢慢調整為「主動學習」。
6. 將各種學科的學習方法，透過主動學習方式加強學習效果是最好的策略。

專家的建議

1. 建立屬於最適合自己學習的方法，才能提升學習效果。
2. 主動學習的效果遠超過被動學習的效果。
3. 當學習新的概念時，就必須想辦法和舊的學習概念相結合。
4. 我們親自做過的比較容易成為我們的記憶。例如，你有沒有吃過早餐，只有你最清楚。
5. 有計畫的練習，透過集中練習、分散練習方式提高學習效果。
6. 集中練習的效果比分散練習的效果還要好，因此在學習過程中要善用「集中練習」的方法提高自己的學習效果。

名人經驗・前暨南大學校長 李家同／看小說培養豐富的想像力。

028 大考

高手的秘訣在於瞭解出題和答題之間的關係。

大考，顧名思義就是大範圍的評量，範圍約為一學期或全學年學習的量。這通常是指總複習考或是期末考。

這範圍不是臨時抱佛腳就可以準備得來的。一般而言，是你平時實力的累積，這無法騙人。如果大考可以得到高分，則入學考高分的機率就高。

學習高手訣竅法

過來人的經驗

1. 分數對自己而言，是一種經常性的焦慮。
2. 考試卷上的分數，不僅僅是單純的阿拉伯數字，它常常是學生被指責的標準。
3. 面對考試時，心理的緊張和焦慮，往往讓自己無法發揮真正的實力來。
4. 在考試前充分的準備，卻換來無情的分數。
5. 面對考試的心理，如同談戀愛「既期待又怕被傷害」。
6. 考試前的習慣性緊張，會讓自己在考試中失去信心。

避免錯誤的方法

1. 必要時先寫好班級、學號、姓名以宣示主權（有准考證號碼的除外）。
2. 記得不要因為緊張而看錯題目。
3. 先看完題目的意義再作答。
4. 詳細看完答案之後再作答。
5. 將主要的關鍵詞圈出來。
6. 如果需要計算的話，記得將計算的過程詳細列出來。
7. 計算完之後，記得要核對前後的答案，避免心目中的正確答案A而寫成B。
8. 切記不要提早交卷，利用寫完的時間詳細檢查考試卷。

名人經驗・東森電視台副董事長 朱宗軻／閱讀與自己切身相關的書籍。

考試高手必須具備的五心

1. **同理心**

   想一想，如果你是老師的話，在教完一個單元之後，你會希望學生記住哪些重點呢？這些重點你會用哪一種方式，希望學生可以瞭解？

2. **平常心**

   考試的主要目的在於驗收學生的學習成果，同時也讓老師瞭解自己的教學目標是否達到？透過考試可以讓學生瞭解自己的學習，是否將重要的學科概念熟記。因此，面對考試時應該要保持平常心，不必過於緊張，因為它是學習中必經的歷程。

3. **積極心**

   考試可以瞭解自己在學習上的努力情形，同時也測試平時讀書的成果。因此，以積極的心面對各種考試，才能在未來的考試中，取得良好的成績。

4. **挑戰心**

   面對考試，面對挑戰。考試可以刺激學生在學習上全力以赴，並且透過考試衝刺的成果，提供自己在學習上的成就感。想一想，當自己的優異成績公布在公布欄時，那種成就感就是挑戰的終極目標。

5. **認同心**

   考試的目的在於讓同學瞭解，自己在學習方面有哪些缺點？同時可以修正自己的讀書方法與策略。透過考試成績的表現，修正自己的讀書計畫。

考試高手的解題要領

1. **望**：考試高手拿到考卷時，不會急著解題，而是先瞭解整份考試卷的主要內容有哪些？有哪些類型的題目？有多少題目？需要多少時間？

2. **聞**：聞的功夫，在於掌握題目的關鍵，瞭解考試卷內的題目，重點在哪裡？希望考生提出哪些正確的答覆？

3. **問**：問的功夫，在於反問自己這道題目的用意在問什麼？以哪一種方式在問？問的主要目的在哪裡？

4. **切**：切的功夫，在於從自己比較有把握的題目開始作答，從簡單的題目先作，從自己覺得容易拿分數的先回答。

5. **解**：解的功夫，在於正確的解析題目的意義，透過對題目的瞭解，結合平時的學習，以正確的方式作答。

6. **答**：答的功夫，在於切入題目的關鍵點，以正確的回答回應題目的要求。

專家的建議

1. 分數是學習成果的表現，分數越低表示學習方法需要調整。
2. 複習功課時，養成將看不懂的題目唸出來的習慣，它有助於思考。
3. 將各種看不懂的概念，寫在筆記簿中，並且用有色筆標示出來。
4. 建議學習信心，告訴自己充分的準備「就能考上」。
5. 非拿手科目的準備要領：
   (1) 一次不要設太多目標。　(4) 一次不要看太難內容。
   (2) 一次不要讀太多內容。　(5) 一次不要讀太多概念。
   (3) 一次不要看太長時間。

名人經驗‧前華視總經理 小野／選擇易理解、有趣的讀書方法。

029 入學考

苦讀不一定拿高分,但拿高分一定要歷經苦讀。

入學考,顧名思義就是實力考,範圍約為三到六學年學習的量。所有學習都是為入學考而準備的。前述的各種學習與考試,就是為入學考而準備。重點是你到底想不想拿高分。入學考可以證明你的實力。考上建中與北一女的學生,考上台大與師大的學生,考上醫學院與法學院的學生,某一種程度而言,就是他們很會考試,很懂得讀書方法,很認真也很努力。

入學考雖然不是一試定終生,但是,它是證明你在十八歲以前,學業上是否成功的一場關鍵考試。考得好的成績,可以增強人生的自信心。所以,好好準備這一場入學考是你當學生很重要的事情,一定要肯定這一場入學考的價值。

名人經驗・名律師 李永然/養成作筆記的習慣。

成績記錄統計法

有效運用苦讀方法

1. 在苦讀前要先掌握重點和關鍵,因為這些都是未來成績好壞的指標。
2. 用輕鬆的方式苦讀效果會比較好,因為緊張會降低考試的分數。
3. 不同的苦讀用不同的學習方法,因為不同方法可以提高學習效果。
4. 不需要苦讀的學科避免用苦讀的方法,例如數學需要理解,就要避免用死背的方法學習。
5. 讓自己的腦袋清晰比不斷苦讀好,因為大腦也需要有休息的時間。

面對苦讀面對學習

1. 要記得人腦不像電腦可以記錄大量資料,透過理解可以加強大腦的記憶量。
2. 腦袋用來思考,手用來記重點,因此讀書要手腦並用。
3. 看過三遍還是記不起來,才考慮用苦讀的方法。
4. 運用好的讀書方法,才能收到好的效果。
5. 很複雜的概念用多抄寫幾遍取代苦讀,因為「過眼千遍不如手抄一遍」。

解讀分數代表的意義

1. 經常考高分的同學,一定經常面對笑容。
2. 唯有考試成績不佳,才會經常面帶愁容。
3. 取得滿意考試分數,如同美麗的化妝師。
4. 如果經常對考試分數不滿意,再怎麼保養自己,效果都不佳。
5. 讓分數告訴大家自己有多努力。

用分數提高自己的尊嚴

1. 考前不努力的人,一定經常垂頭喪氣。
2. 考試成績不好者,一定會看不起自己。
3. 尊嚴通常是成績的最佳代言人。
4. 如果努力了成績仍然不好,要提醒自己多下功夫。
5. 自己如果已經盡力了,成績不好也要抬頭挺胸。

學習高手的建議

1. 成績是最無情的告密者,因為成績會透露出自己努力的情形。
2. 如果偶而一次考試不好的話,可以透過檢討讀書方法而改善。
3. 如果經常性的成績不佳,就要檢討自己的讀書方法。
4. 運用成績記錄統計法,可以瞭解自己在各科的學習情形。
5. 想要有好的成績表現,就必須要有完善的讀書計畫。
6. 不要小看考試成績,因為它會影響未來的生活。
7. 成績如果不好的話,未來的選擇機會就會少。

名人經驗・大提琴家 馬友友／一而再,再而三的不斷練習。

030 檢討

高手的學習關鍵在於有計畫、有系統、有要領、有訣竅、有成效。

檢討，顧名思義就是考試後，對於考試卷答案的分析與討論。

考試本來就是一個你最忠誠的好朋友，它從不說謊、也很公平。很多人認為，考試是不公平的事情，而且也不是對未來生活的絕對保證書。但是，你不能否定，能考上醫學院當醫生的學生，的確，賺的錢比較多；能考上教師甄試的學生，的確，一生不用擔心工作與生活。

這些學生都是和我們一樣，認真考試的過來人，他們和我們一樣參與了許多的小考、中考、大考、入學考。他們一樣沒有少，甚至比我們還多。他們認真去檢討每一張考試考失敗的原因所在。他們一次一次在家、在你看不到的時候，偷偷地自習、預習、學習、複習。不斷不斷地練習著，直到完成他的目標。

所以，我們該向學習高手敬禮，並偷偷地學習他們檢討自我學習的方法。

高手學習運用法

有計畫性的學習

1. 將自己的功課表印三份，一份貼在書桌前、一份貼在行事曆上、一份放在自己的筆記夾，可以隨時查閱。
2. 各科作業要準時完成，不可以拖延。
3. 每天上完課之後，就必須將重點瀏覽一下。
4. 將每一科的讀書時間平均分配。
5. 考試前保持良好的精神狀態。

名人經驗．名作家 簡媜／用心靈寫作，以大自然為書。

有效運用考古題的要領

1. 運用各科考古題，因為它會在未來的考試中出現。
2. 將考古題熟讀，因為考古題都會透露出未來的考試方向和題目。
3. 將上課筆記多讀幾遍，因為這些都是考試的重點。
4. 記不起來的重點，可以在廢紙上多抄幾遍。
5. 平時考卷要整理好，因為在複習的時候，如果時間有限就要讀這些考卷。
6. 如果考古題全部都會，未來的考試成績一定會高。

考高分的要領

1. 記住老師上課講的重點，因為老師最瞭解重點在哪裡。
2. 將重點用螢光筆畫起來，可以提醒自己讀書重點所在。
3. 自己不瞭解的概念要多讀幾遍，因為這些是拿高分的阻礙。
4. 考試前要保持冷靜，不要心慌意亂而影響自己的思考。
5. 拿到考卷先寫會的，再寫比較難的題目。因為，先將分數拿起來，再花時間想不會的題目。
6. 瞭解考試的類型，例如，選擇題、填充題、問答題或證明題。
7. 絕對不要考前才抱佛腳，因為「揠苗助長」的道理我們都知道。
8. 一定要抱佛腳的話，要讀向學長姐借來的考古題，而且要熟讀。
9. 如果是選擇題的話，通常會有平衡原則。答案ABCD（或1234）各占1/4的比率。

專家的建議

1. 讀書是需要花時間的，因為我們無法在學習上擁有太多的僥倖。
2. 考試高分的學生，平常都要花比較多的時間在學習上面。
3. 沒有讀書就可以在考試中得到高分的現象，連在「天方夜譚」故事中都不會出現。
4. 天底下沒有不勞而獲的道理，讀書和學習也一樣。
5. 作任何事情都需要有效率。
6. 練習讓自己可以隨時安靜下來的能力。
7. 規劃每一科目的讀書時間，並且切實地遵守。
8. 科目讀書時間結束，就離開書桌並且在讀書紀錄表上劃上完成記號。
9. 讀書時間的分配可以參考學校每一週的上課節數。

名人經驗・心理學家 藍三印／吸取別人經驗，以補自己不足。

筆記欄

4

學科學習策略篇

一科學得不好,可能只是因為你的能力與興趣不在這裡;但是,很多科都差,那就是你真的不在乎了。所以,如果只有一科學得不好,那麼就試試看,用有效的方法來改進自己的學習效能。

031 英語－怎麼樣也背不起來

想要學好一個概念，就要想辦法記下來。

「背不起來就是背不起來，看了就忘，忘了又看，怎麼樣讀就是覺得陌生，同時，更覺得挫折。因為，昨天才用心背過的單字，今天就忘了；昨天才抄寫過十遍的句子，今天一考就忘了。」

你有沒有上述這種心情，明明自己覺得很認真的背完了，怎麼隔天一考，成績又是紅字。如果用不及格代替及格，自己早就全校第一名的感覺？這問題就出在你沒有用對學習英語的方法。

名人經驗‧法學教授 劉清波／博學、審問、慎思、明辨。

強迫記憶學習法的步驟

強迫記憶學習法

1. 依據自己的特性選擇最適合的學習方法。
2. 非要記住一個概念時，就要透過抄抄寫寫記下來。
3. 如果想要擁有好的記性，就要先瞭解自己的記憶能力。
4. 想要強化自己的記憶能力，理解是最好的方法。
5. 學習如果缺乏變化的話，記憶就無法持久。

明確學習目標的內容

1. 想想看我什麼時候學習。
2. 我為什麼要學習。
3. 我要學習什麼。
4. 我什麼時候學習。
5. 我可以在哪裡學習。
6. 我要和誰一起學習。

學習高手的建議

1. 老師不會忘掉重要的概念，因為他們要將各種概念教給學生。
2. 如果學習和感動的故事相連結，就不會產生遺忘的現象。
3. 要養成記事的習慣，才不會過度使用頭腦。
4. 要記住一個重要概念時，可以考慮閉上眼睛多唸幾遍。
5. 記在腦中的概念要經常使用，才不會因為各種因素而忘掉。
6. 作筆記時要掌握精簡原則，才能加強自己的記憶。
7. 不斷地思考如何記下來，有助於加深記憶。
8. 轉換心情、改變學習策略，才能加深記憶。

強迫記憶學習策略

1. 理解永遠是記憶的最佳良策。
2. 如果不想記住的話，記憶概念就永遠不會進步。
3. 在學習方面，如果退一步、進二步還是進步。
4. 將各種概念分開來記，才不會產生記憶混亂的現象。
5. 運用想像力可以提高記憶能力。
6. 透過「自問自答」的方式有助於提高學習效果。
7. 最好的記憶關鍵時刻絕不會是肚子餓、心情不好、吃飽撐著時。
8. 8小時內複習20分鐘，比一週後複習2小時的效果還要好。
9. 將相同的內容或概念，以不同形式記下來的效果是最好的。
10. 將自己記憶的次數記錄下來，可以提高記憶效果。
11. 將想要學習的概念記下來，有助於加深自己的學習印象。
12. 以圖表呈現學習概念，對於記憶加強有正面的幫助。

名人經驗．世新大學教授 廖和敏／主題式研究，找重點也找焦點。

032 數學－就是無法理解

想要學好數學就要有萬丈高樓平地起的勇氣，運用各種學習數學的土方法。

名人經驗．名作家 蔡詩萍／依工作需要與興趣來閱讀。

「Oh! My! 這一題的答案我又算錯了。」
「Oh! My God! 怎麼這種題目我也會算錯！」
「Oh! My Goodness! 我原本算對的，怎麼又把答案給改了！」
「Oh! Help Me! 這一次數學，我大概只考二十分吧！」

你有沒有上述這種可怕的經驗，發現自己的數學根本就是在加、減、乘、除的階段而無法再更進步。

你有沒有一種感覺，無論你再怎麼學習數學，就是在及格邊緣，怎麼樣也無法再進步。

你有沒有一種想放棄數學，而且根本看到數學就討厭，想把數學課本拿去燒掉的憎恨心情？就連你最討厭的朋友，看起來都比數學友善？

如果這些心情與想法你都有，那麼，你需要好好學習如何學數學的方法與策略。希望你很快就進步，加油。

數學高手方法

高手過招

真正的數學高手，可以在數字打滾中學數學，每天找時間玩弄數學，將數學視為生活中的一部分。

數學高手的私房菜

1. 上課時專心聽講，並且瞭解數字本身所代表的意義。
2. 聽清楚數學的各種公式是怎麼來的，而且要知其然知其所以然。
3. 將數學的各種公式抄寫幾遍，並且多加運用。
4. 課本中的練習題一定要反覆練習。
5. 數學習作中的練習題，要配合課本的計算，反覆地練習才能提高數學的計算能力。
6. 數學公式要整理好，並且在公式旁邊標記上數字。
7. 數學公式是讓我們瞭解數學計算的快速方法，如果過度依賴數學公式，就會讓我們在數學考試中一事無成。
8. 真正的數學高手，不在於題目的難易，在乎的是自己對數學的概念是否瞭解。

玩數字學數學

1. 數學課本的內容一定要反覆練習，因為課本是最基本的能力。
2. 每一種數學概念要練習三遍以上，透過三遍的計算才能達到真正的瞭解。
3. 學習數學要從最容易的開始，讓自己有學數學的成就感。
4. 數學高分的要領在於反覆練習，不同數字的練習。
5. 每天給自己30分鐘的時間做數學練習題。
6. 數學的習題要在每天最清醒的時間做練習。
7. 如果花了很長的時間，還是無法瞭解數學的要領，可以考慮先休息一下下。
8. 利用長假將一學期以來的數學公式，做系統和重點式的整理。

數學的認知問題

1. 數學的重點在於瞭解之後的運用。
2. 如果不瞭解數學的性質，就無法運用在日常生活中。
3. 想要學好數學最好是瞭解數學的性質。
4. 數學的關鍵在於理解而不在於機械性的記憶。
5. 數學公式主要提供我們計算數學的捷徑。
6. 如果不瞭解數學公式，就無法有效地運用。
7. 學好數學的關鍵在於運用認知心理學的概念。
8. 想要讓自己的腦袋親近數學，就要瞭解學習數學的危機有哪些。

認知心理學的意義

認知心理學研究的重點，在於「我們是如何知道的」、「我們是如何記起來的」等問題。認知心理學的意義在於讓我們瞭解知識的獲取、儲存與提取，以及知識是如何運用的。

名人經驗．傑出經營獎得主　鄭淑敏／讀書要讀通。

033

歷史－生動、有趣、有系統

學習密碼

從地理和歷史的演變看生活中的各種人事物，就會發現學習史地的樂趣。

「『黨錮之禍』是發生在東漢還是西漢？」
「『朱熹』是北宋還是南宋的人啊？」
「唐宋八大家與元曲四大家，到底是哪幾家？」
「台灣到底在哪一場戰役？哪一年？哪一條條約？被割讓給哪一個國家？」
「怎麼都忘記了呢？填充題，怎麼猜啊！」

上述的心情寫照是所有讀過中學的學生，一定有的心情。甚至，現在的大學生面對考試也有相同的感受。歷史，真是鑑往知來。所以，讀好歷史，需要的不是「蠻牛」，而是方法。

橫向縱向關聯法

史地的學習要領

1. 家裡至少要有世界地圖（或地球儀）、中國地圖、台灣地圖三種。
2. 地理的學習要讀到哪裡，地圖標示到哪裡。
3. 利用課餘時間，畫一張歷史系統圖，以中央線區分，左邊為西洋歷史，右邊為中國歷史，中間線為西元年。
4. 在歷史系統圖上標示重要的歷史事件（例如，陳橋兵變黃袍加身、杯酒釋兵權事件等）。
5. 將歷史的人、事、時、地、物等標示出來。

名人經驗・大提琴家 張正傑／勇於開口求知、開口學習語言。

學習史地的訣竅

1. 讀地理時順便將地圖上的位置標出來，想一想地理位置本身代表的意義。
2. 將地圖上的重要地點標示出來，並且將重要性標示上。
3. 讀歷史的訣竅在於人、事、時、地、物等關鍵的掌握。
4. 上課專心聽講做筆記，勝過下課之後花時間死記死背。
5. 在閱讀圖上標示各種重要人、事、時、地、物等。

學習高手的策略

1. 史地的學習需要持續性的閱讀，要多花時間在資料的閱讀上面。
2. 史地和其他科目比起來，需要閱讀的時間比較多。
3. 史地比較難用理解的方法學習，因此要多給史地的學習一些時間。
4. 歷史和地理合起來讀的效果會比較好，在地圖上面將過去發生的歷史標示出來。
5. 利用坊間出版的歷史系統圖，可以提供自己一個完整的歷史發生事件概念。
6. 家裡的地圖要貼在讀書時，最明顯而且最顯眼的地方。
7. 讀史地時可以透過畫圖的方式，加強自己對史地的完整概念。
8. 史地的重點在於人、事、時、地、物的關聯性，因此要加強學習這些概念的連結。

專家的建議

1. 地理和歷史的關係是相當密切的，因此要合起來學習。
2. 通常重要的考試，在題目內容方面都會將地理和歷史一起命題。
3. 如果缺乏地理的概念，學習歷史就會學到抽象的概念。
4. 缺乏歷史的概念，學習地理無法擁有完整的史地概念。
5. 運用橫向縱向關聯法學習史地，可以提升史地的學習效果。
6. 利用重要概念標示法配合歷史和地理系統圖，可以強化史地的學習效果。

名人經驗・名鋼琴家 陳冠宇／心無旁鶩，有心最重要。

034 地理－愛台灣就要學好地理

學習動機 = 期待 x 價值。

「請從台北到高雄，把縣市名依順序寫出來？」
「台灣附近有哪些海域名稱，請寫出來？」
「黑面琵鷺，每到冬季都飛到哪裡避冬？」
「八八水災發生小林村的大災難，請問小林村位於台灣的哪一個縣市？」

上述問題能回答出來，是愛台灣的表現啦！如果，你連這些都無法正確回答，那麼，你的地理真的要加強了。

地理位置關係法

地圖學地理法

1. 地理位置和氣候、溫度、下雨量、主要產品有相當密切的關係。
2. 學習地理時最好的方法，是掌握事物的地理位置。
3. 掌握事物的地理位置，就可瞭解地理屬性、特徵、重點等。
4. 從全世界地圖上面可以瞭解地理位置和氣候的關係。
5. 想要學好地理就要熟悉地圖，離開地圖就無法學習地理。
6. 在地理課學習時，要練習畫各個國家和省份的地圖。
7. 利用「簡化地圖」的方法學習地理的效果，比背一些抽象的概念好很多。
8. 學習地理要看到哪裡、標示到哪裡；讀到那裡，畫到哪裡；想到哪裡，就歸納到哪裡。

名人經驗．遠流出版社 王榮文／要做腳踏實地的行動家。

名人經驗・政大教授 李仁芳／亂中求勝靠自己。

地理位置的概念

1. 在學習地理時，要將該單元的地理簡單地畫出來。
2. 地圖的輪廓畫出來後，先將重要的山脈和河川標示出來。
3. 將重要的山脈和河流之間的相互位置標記下來。
4. 將主要的都市和地名標示出來，並且在都市旁邊加註重點（或概念）。
5. 透過相對位置，將重要的概念記在腦海中。
6. 配合地圖上的經緯度將各地區的氣候記下來。例如赤道周遭的氣溫和其他地區的氣溫相比會比較高。

地理高手的策略

1. 至少要準備三份地圖：世界地圖、中國地圖、台灣地圖。
2. 將課本內所附的地圖放大彩色影印，以方便閱讀時可以隨時查閱。
3. 利用教師在上課展示的地圖，並且將地圖簡要地畫下來。
4. 利用網路相關資料查詢，可以加強對地理的印象和概念。
5. 利用教科書中的插圖，強化自己在學習上的記憶。
6. 習作和參考書中的練習題，通常會將地圖的重要概念，轉化成為測驗題目。
7. 想辦法將地圖的經緯度記在腦海中，隨時作為閱讀地理的參考。
8. 重要的城市和地形、河流、物產、地質等的概念，在地圖上都會以不同的顏色標示出來。

地理高手五招

1. 第一招：運用地圖。
2. 第二招：熟識地圖。
3. 第三招：常看地圖。
4. 第四招：畫出地圖。
5. 第五招：填寫地圖。

專家的建議

1. 地理的學習中，抽象概念的份量是所有學科中最多的。
2. 想要學好地理，一定要準備所有的地圖。
3. 熟練畫地圖的技能，對學習效果的增進有正面的幫助。
4. 將地圖的概念熟記在腦海中，就可以隨時將地圖從記憶中找出來。
5. 掌握地圖的主要知識，包括地圖知識技巧、辨別方向、熟悉地勢和地質、熟悉主要圖形的意義、瞭解經緯度的意義等。
6. 地圖上的顏色都代表該地區的特色，一定要先熟悉。
7. 看台灣地圖就可以瞭解東部多山，因為地圖上會標示地形的高低。
8. 可以正確畫出地圖的同學，地理成績一定不會太差。

035 物理－我生來無物

學好理化的重要關鍵在「看看妳看看我學生物」，將生物的概念和自己的身體結合起來。

「生物、生物，我生來無物。」

「是啊！因為生來無物，所以就沒有分數。」

的確，像這種在台灣不是主流學科，並不受到學生與家長的喜愛。不喜愛就更討厭學習，因此，很少人會重視生物這樣的學科。但是，現在人重視環保、動植物之生態與生命之意涵，是提高學生物的一種樂趣。試試看，用不同的角度與方法學習吧！

名人經驗‧廣播主持人　何穎怡／全方位的學問讓學習加廣加深。

關鍵知識學習法

關鍵知識學習法
關鍵知識學習法的主要意義，在於指導學習者將各個學科單元中的重要概念，透過關鍵字學習的方式，強化學習效果。

生物學科的重點
生物的重點在於世界上所有生物的生老病死歷程，內容包括動物、植物生物界的各種變化。

學習的關鍵
德國的實驗心理學家艾賓豪斯做過關於個體記憶的實驗。實驗指出，一般人在記憶情報20分後大約會遺忘42%，1小時後遺忘56%，9小時後遺忘64%，6天後則會忘掉74%。因此，為確保大腦可以確實將暫存記憶轉換成長期記憶，應該要定期並持續反覆學習才是有效的學習方式。

76　國中生學習方法的第一本書

生物的學習要領

1. 將各種生物的掛圖，以及重要的名詞標示出來，可以加深自己的印象。
2. 學習生物最好的方法是「實物對照法」，例如學到人體的奧秘時，可以和自己的身體作對照。
3. 如果想要將生物中的各種重要概念讀熟，最好的方式是和周遭中的生物相對照。
4. 學習人體器官時，和自己身上的器官對照，就可以瞭解所有的概念。
5. 學習生物要領在於從自己到他人，從人類到低等動物，從動物到植物，一一循序漸進。

學習高手的學習策略

1. 想要將抽象的生物概念熟記，最好的方法就是和周遭的生物作對照。
2. 將生物中的各種重要概念，和各種生物掛圖或圖片相對照。
3. 做筆記時，可以將各種圖片影印，並且將重要名詞標示出來。
4. 考慮將生物的各種圖片，張貼在書房裡的書桌前面。
5. 做筆記、劃重點，對生物的學習具有正面積極的作用。
6. 將課本中的重要概念，用有色筆標示出來。
7. 將標示出來的概念，透過抄寫筆記方式熟讀幾遍。
8. 想要學好生物，就要發揮細膩的觀察能力。

專家的建議

1. 想要學好任何的概念，一定要先將課本瀏覽一遍。
2. 瀏覽課文之後，將課文中的關鍵知識標示出來。
3. 想想看，自己對關鍵知識的理解情形如何。
4. 對於比較難理解的概念，要用特殊的符號標示出來。
5. 將比較難理解的概念用自己可以瞭解的文字，將概念的內容寫在旁邊。
6. 在複習該科目的時候，要多分配一些時間給難以理解的概念上面。
7. 將難以理解的概念，透過生活事件舉例方法，將可運用的例子寫在概念旁邊。
8. 透過實際生活經驗的運用，加強自己的概念學習。

名人經驗・書林出版副總經理　劉森雨／善用自己的缺點和劣勢，積沙成塔。

036 理化－學習變化的運用

學習方法有效才會有笑。

「我真的就是搞不懂,掉下來的蘋果吃掉它就好了,管它什麼地心引力之類的。我真的很討厭姓『牛』的人。」
「喂,牛頓好像不是姓『牛』喔!」
理化的學習需要更多的想像力和幽默感哦!

名人經驗‧廣播主持人 黃瑞芬／學語言要勤練,且不斷維修。

效果運用學習法

親身體驗的學習問題

1. 想想看一公斤比較長還是一公尺比較重?
2. 檸檬究竟是酸性還是鹼性?
3. 樹上的蘋果為什麼會掉下來?而不會掉到天上去?
4. 阿基米德洗澡時,為什麼不好好洗,老是胡思亂想,而提出密度的概念?
5. 為什麼世界級的運動會,在游泳方面拿金牌的,從沒有出現過黑人選手?
6. 人究竟要多久時間沒有吃飯才會死亡呢?

學習字典

1. 學習理化最好的方法是談情說愛學理化。
2. 理化是生活中的物理變化和化學變化。
3. 想要學好理化的話,就要先從瞭解自己開始。
4. 理化的公式和原理原則,一定要理解並且舉出實際的生活例子,才能成為學習的永久記憶。
5. 越難的理化公式,越要深入瞭解,因為這些概念是決定理化成績勝負的關鍵。

名人經驗・名作家 劉克襄／勤於做筆記，擴張學習版圖。

理化高手的座右銘

1. 理化關心我們各種日常生活所需。
2. 理化科目的學習重點在於邏輯和思考技巧。
3. 理化的各種公式，一定要花時間記下來，並且做學習上的各種歸納。
4. 將理化課本中重要的概念，和生活中的重要事項連結起來。
5. 理化課本、參考書中的重要概念，必須做重點式的標示。

談情說愛學理化

1. 理化的各種重點要和實際的生活例子做結合。
2. 理化教師的上課筆記，一定要儘量詳細而且簡化隨時提醒自己。
3. 將理化的各種公式，用數字作適當的說明。
4. 理化科目的學習通常和生活是息息相關的，所以舉實際的例子是相當重要的。
5. 理化科目的學習，一定要強調概念的瞭解，而後再強調實際例子的應用。

學習高手的方法

1. 讀好理化要先讀好課本，並且將課本的內容讀熟。
2. 習作中的重要概念要理解。
3. 參考書會將理化的重點歸納好，因此參考書的重點一定要讀熟。
4. 參考書中的例子，一定要和理化的公式一起讀。
5. 理化是所有科目中，最需要和日常生活一起結合的科目。
6. 理化參考書中的「隨身讀」小冊子可以加強自己對理化的記憶。

學科學習策略篇

037 國文－我讀得好沒興趣

學習密碼

如果學習國文如同寫情書，學習的興趣一定高，效果一定好。

語文能力的好壞高低，是所有學科學習的關鍵。想要在每一門學科的學習上有好的成績，就要加強語文的能力。

國文科的學習是所有科目學習的根基，想要改善自己的學習成果，就要從國文的學習方法著手。

國文重點歸納法

1. 每天寫日記時，將今天的國文課本名詞寫下來。
2. 將國文課本中重要的成語標示出來，並且要找機會加以運用。
3. 國文課本中的名詞要多看幾遍，如果想要成為自己的知識，可以考慮多抄寫幾遍。
4. 不容易背起來的生字，要記得多寫幾遍，並且找機會練習，因為練習可以加強自己的記憶。
5. 中文可以望文生義，英文無法望文生義。
6. 如果讀國文感到無聊，可以將課本中的重要名詞多寫幾遍。
7. 閱讀是所有學科的基礎，如果你自己的語文程度不好的話，也會影響所有科目的學習。
8. 「過眼千遍，不如手寫一遍」，抄抄寫寫對語文科的學習具有相當正面的幫助。

名人經驗・理學大家 朱熹／為學正如撐上水船，一篙不可放緩。

名人經驗．顏氏家訓／積財千萬，無過讀書。

寫情書式的學習

1. 國中時代的情書可以將國文內容運用上，讓對方瞭解自己的努力情形。
2. 可以利用自己的零用錢買幾本情書模擬練習。
3. 想想看怎樣將優美的詞句運用在生活中。
4. 參考書中的練習題，一定要記得隨著教師的進度做練習。
5. 養成閱讀報紙的習慣，尤其是報紙中的社論。
6. 將報紙中的社論蒐集整理，並且將重要的名詞標示出來。

學習高手的建議

1. 語文科的學習比一般科目更容易找到重點，因此將語文科的重點歸納出來，並且利用時間熟讀，對於未來的學習是有相當幫助的。
2. 想要寫一篇精彩動人的文章，就要先讀別人寫的精彩文章。
3. 徐志摩、朱自清等文學名人，在年輕時代都大量地閱讀別人的作品。
4. 找一個課本中最常出現的作者，將名人的作品閱讀，並且將重點標示出來。
5. 課本中的文章要多讀幾遍，才能瞭解作者寫這篇文章的心思。
6. 參考書會將語文課本的重點，作各式各樣的歸納，熟讀課本之後，一定要將參考書的習題，做到熟練為止。

專家的建議

1. 如果數學需要時間來計算的話，語文需要時間加以千錘百鍊。
2. 語文程度的培養不是一天二天的事，它需要長時間的閱讀和練習。
3. 想要寫一篇精彩的文章，就要先將自己的語文程度提升。
4. 可以考慮將《古文觀止》裡面重要的文章，抄寫幾遍並且熟練之。
5. 養成蒐集好文章的習慣，將好的文章剪貼下來多讀幾遍，就會成為自己好文章的基礎。
6. 想要讀好國文的話，就要先瞭解作者寫這篇文章的感情在哪裡。
7. 閱讀文章時，如果可以瞭解文章的感情，就可以瞭解作者的感情世界。
8. 真正的語文高手，可以將文章內容融入自己的感情中。

038 作文－寫好的文章要有方法

有系統的學習可以避免遺忘的干擾，並且可以在腦中歷久而不會忘。

「春天。這種作文題目怎麼發揮啊！」
「你的錯字連篇，還想怎麼『發』揮『春』天啊！我看，你光是錯字，就拿不到分數。下次，你乾脆別寫了，老師還會感激你呢！」
「喂！給點面子好不好。」
「老師看到你的字會傷視力的。」

作文，是老師們覺得最痛苦的一科了。現在的學生使用大量的電腦語言，電視新聞老是用創意文字，你的字寫得比狗咬的還難看。作文，離你好遠好遠啊！

名人經驗・清代詩人 袁枚／天下無難事，只怕有心人。

語文系統分析法

金頭腦的學習程式

1. 從具體到半具體，從半具體到抽象。
2. 從簡單到不簡單，從不簡單到困難。
3. 先學近的再學遠，先學近代到古代。
4. 先學現在的概念，再學過去的概念。
5. 先學會好過去式，再學未來的事件。

語文科的系統分析關鍵

1. 先培養主動學習的習慣。
2. 練習語文表達的主要能力。
3. 將語文的基本內涵找出來。
4. 增進自己在語文方面的閱讀能力。
5. 促進自己的語文自學能力。
6. 能應用語文解決生活上的問題。
7. 培養欣賞語文能力。
8. 多花時間在語文的閱讀上面。

語文系統學習方法

1. 利用時間將家中的課外讀物讀一遍。
2. 將閱讀的課外讀物好的文章、詞句、典故標示出來。
3. 養成每天寫日記的習慣。如果時間不夠用的話，可以簡要記錄就可以。
4. 養成每天將重要事情記在記事簿的習慣。
5. 多讀、多看、多聽、多背、多寫、多說、多講好的文章。
6. 《古文觀止》是培養語文能力很好的教材。
7. 語文科的學習可以透過參加作文（或論文）比賽，強化自己的能力。
8. 語文的自我學習，可以透過每日一句、每週一書、每月一專區，培養語文方面的能力。

語文滿級分典範的建議

1. 大量的閱讀是提高語文能力的最好方法。
2. 有計畫的閱讀是提高語文成績的好策略。
3. 多讀、多聽、多寫、多仿寫可以提高語文程度。
4. 經典的文章一定要精讀。
5. 將文章的精華、範例轉化成為自己的寫作題材。
6. 利用時間練習寫信給長輩、師長、同學、好朋友。
7. 經常性地將自己的想法寫下來。
8. 可以琅琅上口的短文，要利用時間寫在記憶卡片上面。

名人經驗・禮記／學，然後知不足。

039 體育－學習效能的維他命

學習者成功的主要關鍵在於能隨時掌握零碎時間。

學習密碼

「又要上體育課，好熱喔！」
「就是啊！這樣下午怎麼上課啊！」
「基測又不考體育。」「連入學考試也不考呢！」

錯，體育的確是不考試的。但是，好的體能是能幫助你學得專注，學得更有勁。許多家長與學生認為不考試就不用準備，就不必要學習。這是錯誤的，好的體能可以幫助孩子在學習時不容易累，即使偶爾熬夜，也不需要花三天來補睡眠。所以，體育是幫助學習最好的基礎功夫。

運用零碎時間學習是讓你學得更健康、更有活力的學習方法與策略。

效果運用學習法

遠離考試恐懼的方法

1. 養成每天讀書的習慣，就可以遠離考試的恐懼。
2. 讀書的時候讀書，遊玩的時候遊玩。
3. 將自己的行事曆結合各學科的考試，規劃一個完整的讀書時間。
4. 將學校發給各年級的行事曆做成讀書計畫。
5. 將行事曆做好並貼在書桌前面。
6. 隨時看一下行事曆，並且將重要的事件標示出來。

不必在乎考試的秘訣

1. 如果系統的讀書，就不必太在乎考試。
2. 每一科的考試都有固定的形式，自己一定要瞭解。
3. 上課專心聽、下課專心做、回家專心寫、溫習專心讀、考試專心答。
4. 將得滿分的考試貼在書桌前。
5. 將不及格的考卷整理好。

名人經驗・林進材／努力不一定成功，但放棄一定失敗。

掌握零碎時間的方法

1. 任何事情提早三天完成,就不會計較時間長短。
2. 提早完成的效果好,趕時間的效果差。
3. 隨時提醒自己有多少時間。
4. 隨身攜帶有時針、分針和秒針的手錶。
5. 瞭解自己完成一件事需要多少時間。

運用時間的秘訣

1. 告訴自己時間不會等任何人。
2. 在自己的行事曆上,將倒數的時間標上去(例如離段考還有幾天)。
3. 將已經完成的事情標示出來。
4. 容易做得事情要先做。
5. 困難的事情一定要仔細想一想再做。

零碎時間學習法

1. 集中學習策略:將可以運用的時間集中,並且分配學習的時間比率。例如,越困難的概念,學習的時間就要多一些。
2. 分散學習策略:將需要死背下來的學科,進行分散學習。例如,英文、國文、史地等可以採取分散學習方式,或是採用零碎時間學習法。
3. 一般而言,零碎時間指的是30分鐘以內的時間。例如等公車時間、等吃飯時間等。
4. 養成節約時間的習慣:很多可以學習的時間都浪費在玩樂或與學習無關的事情上面。學習者一定要養成節約時間的習慣,將不必要浪費的時間節省下來。
5. 養成物歸原處的習慣,就不必經常花時間在找自己的東西或文具。
6. 將複雜的概念簡化成幾個簡單的概念來學習。
7. 將每個星期存下來的零碎時間記錄下來,並且在零碎時間內作哪些事情,簡單記錄下來。
8. 為自己建立一個不會受到干擾的環境,因為容易受到干擾的環境,就會增加讀書需要的時間,而降低學習效果。

> 名人經驗・墨子／染蒼則蒼,染黃則黃。

040 無限制學習

學習密碼

將學習和生活事件結合起來，你我就不容易遺忘而且會畢生難忘。

無限制學習的觀念是一種全方位的學習法，它代表著你可以隨時隨地都在學習，也可以隨時將國語、數學、理化、英文及史地等各項學科融入生活當中，同時，這些學科更可以相互運用，用國語考數學，用數學考史地，用英文考數學等等相互作用。讓你從生活事件中運用你所學。

名人經驗・明全能大儒　王守仁／志不立，如無舵之舟，無銜之馬。

生活事件運用法的步驟

強化學習效果

當我們表現好時，如果受到爸爸媽媽的稱讚（或獎賞），我們就會想要繼續努力。當我們的學習表現，獲得學校師長獎勵時，我們也會想要繼續努力，以獲取下一次的獎勵。

強化學習效果的策略

1. 強化的學習行為一定要很明確，例如地理如果段考進步10分，就可以玩20分鐘的電腦。
2. 行為發生之後，就要立即給予獎勵。例如，今天如果段考成績出來，地理真的進步10分以上，就可以玩20分鐘的電腦。
3. 要選擇有效的強化物，每一個人心中喜歡的強化物不一樣，有的喜歡看電影、有的喜歡玩電腦、有的喜歡看課外讀物。
4. 避免不必要的濫用強化物：例如學習表現不到預期的目標，還提供強化物，或是強化物過於浮濫，那麼強化的效果就容易打折扣。
5. 可結合各種方法和策略：想要強化學習效果，就必須瞭解學習者本身的特質，或是自我瞭解，設計有鼓勵作用的強化物。

生活事件強化學習法

1. 如果想要學好台灣地理的話，可以在和家人出遊時將台灣地圖放在車上，沿途進行地圖上的對照，以加強自己的學習印象。
2. 報紙上面如果報導國內外重要大事時，可以透過世界地圖和中國地圖等，檢索事情發生在哪一個地區，加深自己的概念學習。
3. 生物科目的學習多半和我們的身體和生活有關係，學習生物時可以和我們的身體相互結合，或是和生活事件結合。
4. 英語生字的學習，可以結合家中各種物件的英語名稱，以強化英語的學習經驗。例如，冰箱的英文為「refrigerator」，可以將該英文書寫下來。貼在家中的冰箱上面，其餘概念可以類推。
5. 將自己的學習進度列下來，並且在加強學習效果的地方，標示上增強物。例如，希望數學可以進步10分，可以在數學的成績統計表上面，加註進步10分可以得到哪些增強物。
6. 很多概念的學習，和生活經驗是息息相關的，想要學習概念，就必須和生活事件結合起來。例如，學習化學的酸鹼定檢驗，可以買「石蕊試紙」試試看我們日常生活喝的飲料，究竟是屬於「酸性的」或「鹼性的」。天啊！原來檸檬水是屬於「略鹼性」。

學習高手的建議

1. 想要學習好，就要從生活中學習。
2. 很多考試題目，其實都是從生活中命題的。
3. 多看看報紙或是看看電視新聞，你會有新的發現。
4. 很多重要考試，題目都出自國內外重要大事記。
5. 透過生活事件的學習，可以加強我們的學習經驗和效果。
6. 最好的學習方法，就是從生活中取材。
7. 想要學好東西，就要從簡單的開始，讓自己有成就感。
8. 容易的學會之後，才有機會學困難的。

名人經驗‧禮記／時過而後學，則勤苦而難成。

筆記欄

5

考試策略實力篇

　　如果，你數學不好，就看數學怎麼讀法；如果你還是拿不到高分，那麼就看看你是拿到幾分，再針對你考試的分數程度去改進。試試看用各種不同的方法來改進自己的讀書效能，而且，不要看了內容就把它放在書架上，好的策略要執行它，才會有好的效果。

041 十分以下,你是來學校亂的

如果在學習方面從沒有成功過,是一件相當奇怪的事。

「林小河,為什麼你的理化老是考個位數,你到底有沒有在唸書。」
「報告老師,我也懷疑自己,到底有沒有把腦袋帶來學校。」
「林小河,老師教你教得好挫折,怎麼樣你才可以考好理化?」
「報告老師,我一定叫我媽帶我去醫院檢查,看看我是不是腦殘了。」
「林小河,你是來學校亂的嗎?」

有時候,老師無論出題出的再怎麼簡單,你都只拿到個位數字的分數;有時候,你怎麼學就是學不會數學公式、理化公式、地理位置、英文文法、作文寫作。有時候,不是老師想罵你腦殘,而是你自己也懷疑自己是不是腦袋有問題?這個時候不要放棄自己,沒有學不會的學科,只有自己不想學。一定要知道,如果在學習方面從沒有成功過,是一件相當奇怪的事。所以,使用化腐朽為神奇法,試試看自己有沒有成功的機會。

名人經驗‧「性惡論」荀子/百事之成也,必在敬之。其敗也,必在慢之。

化腐朽為神奇法步驟

從失敗中累積成功

在早期挑選誰可以從「上校」升上「將軍」時,都不會挑選「從沒打過敗仗的上校」,而會挑選「曾經打過敗仗的上校」,主要的原因是無法瞭解從沒打過敗仗的上校,未來會如何面對失敗。因此,從失敗中累積成績,從犯錯中學習與成長,是未來成功的關鍵。

導致失敗的原因

1. 不願意積極努力。
2. 凡事都會以自己的想法為主。
3. 聽不進他人的意見。
4. 不願意接受師長的建議。
5. 急於想要快速地成功。
6. 不相信自己可以成功。
7. 缺乏具體明確的計畫和目標。
8. 不願意將自己的理想和目標付諸行動。

學習失敗的原因

1. 上課不專心，總是告訴自己回家再讀就可以。
2. 遇到學習困難時，總會告訴自己「沒有關係，這一題將來不會考」。
3. 不願意花時間在閱讀上面。
4. 沒有作筆記的習慣，也不願意在課本上畫重點。
5. 總會用「死背」的方法取代「理解」的方法。
6. 和班上學習成績優異的同學漸行漸遠。
7. 每天花大部分的時間在遊樂上面。
8. 每天的學習作息不正常。

遠離失敗的方法

1. 培養正向積極的思考。
2. 從失敗中再學習，並且檢討改進。
3. 採用團隊合作的學習方法，聽聽別人的建議。
4. 對於學科的學習要專心、專注。
5. 當失敗來臨時，要檢討並降低損失。
6. 改變自己、改變作法、改變想法、改變方法、改變策略。
7. 用放大鏡將「優秀同學的成功之道」複製下來，成為自己的學習策略。
8. 想要遠離失敗的陷阱，就要斷絕任何偷懶的念頭。

化腐朽為神奇學習法

1. 每一次考試進步5分，經過12次考試就會及格。
2. 考試寫錯答案的部分，就是自己在學習過程中，缺乏練習或理解的部分。
3. 學習困難的部分，就是自己需要長時間關心的概念。
4. 調整自己的學習方法，針對學習困難的科目、單元和概念，才能改變學習的現況。
5. 不可以讓考試成績不好影響自己的信心，只要花時間檢討學習的方法就可以遠離考不好的困境。
6. 要有越挫越勇的勇氣，不害怕失敗的正向心理和想法。

名人經驗・《大學》 曾子／君子以文會友，以友輔仁。

考試策略實力篇

042 二十分，你是來學校交朋友

學習密碼

想要考試進步就要有萬丈高樓從地起的勇氣，先從最簡單的各種學習的土方法，來進行改造大計劃。

「林小河，這一次你理化只有20分，你有沒有在讀書啊！」
「報告老師，我媽說我的腦袋沒有問題。」
「林小河，你到底來學校做什麼啊！」
「報告老師，我現在沒有來學校亂，我現在是來學校『交朋友』的。」

你當然不是來學校亂的，更不是只來學校『交朋友』，因為，你是來學校學習的。只要有用功，就可以證明你的腦袋沒有問題，只要有用功，就可以證明你的成績會進步。而從零分到20分是很大的進步，不要小看你每一次成績分數，那是代表著你的證明你自己，也可以做得到。

任何人都可以使用這看似最笨，最沒有效率，最不起眼的學習方法。可是，這是最好用的學習方法，只要願意去做，只要願意改變，你就會進步。

土法煉鋼學習法的步驟

1. 學習最基本的方法就是土法煉鋼法。
2. 土法煉鋼中你可以找到屬於自己的好方法。
3. 土法煉鋼法是讓自己的腦筋先動起來。
4. 練習、練習再練習，就是土法煉鋼法最基本方法。
5. 別管別人怎麼想，先把土法煉鋼法練好，才能繼續拿高分。

記住：別管別人怎麼想，先進步再說。

名人經驗・英國劇作家 莎士比亞／勤勞一天，可得一日安眠；勤奮一生，可永遠長眠。

043 三十分，你是來學校考驗老師的智慧

學習密碼

瞭解學習上的錯誤，誠實面對錯誤才能化失分為得分。

其實，一般老師都很在乎學生的成績有沒有進步？考得好不好？退步的原因是什麼？因為，老師把學生的成績當成是自己的教學的能力，所以當學生不在乎老師的關心時，老師會生氣而發飆，會想用打手心的方式來改變你的態度。有時候，要在乎老師一點，給老師一點鼓勵。

雖然，你只有考30分，那不代表老師放棄你，也不代表家長放棄你。吃得營養固然是好事，但是還是要改變學習的方法才能進步。當你現在有某一科只考30分時，先試試看由簡至繁練習法，一步一步踏上進步的道路。

由簡至繁練習法的步驟

1. 建立信心
一般學生對於自己只拿30分的心理只有二種，一是不好意思而失去信心，另一種則是乾脆放棄。建立信心是告訴自己多練習，多作題目，在學科上多請教別人，一定會有進步而重新拾回信心。

2. 不會運用
例如：理化的應用問題，在文字敘述上，學生無法瞭解出題者的意思，因此導致學習的危機。

3. 粗心大意
自以為把題目看清楚了，才發現自己會錯意；就算怎麼反覆的檢查就是沒檢查到自己寫錯字了，等到交了考卷才發現。

4. 死背與活用無法分清楚
英文單字無法全依靠理解來記憶，但是理化公式若背了不會用等於白背，因此，死背與活用公式需要依靠練習來熟練。

記住：30分雖然很難看，但是至少也離及格不遠了，加油。

名人經驗‧法家 韓非／左手畫圓，右手畫方，則兩不成。

044 四十分,你是來學校打卡的

先像「蠶食」一樣慢慢學,才能有一天「鯨吞」學問。

「林小河,你這次理化考40分,有一點進步。」

「報告老師,我媽說光吃『中藥燉豬腦』還不夠,現在我還天天吃『人參燉雞腦』。」

「林小河,那你媽看到你這次理化考40分,有沒有高興一點啊!」

「報告老師,我媽說我天天到學校報到,回家天天吃『中藥燉豬腦加人參燉雞腦』,總有一天,理化一定會考100分的。」

「林小河,那現在你是天天來學校打卡的囉!」

雖然,大部分的學生都會認為老師只喜歡好學生,尤其是成績特別好的學生。但其實你有沒有發現,電視新聞大部分只會報導那些壞學生的事情,卻很少報導那些平凡學生的故事?所以,其實,大部分的老師們會把心思放在讓他頭痛的學生上、成績不好的學生上。因為,這些學生如果有進步,願意改好,老師會特別鼓勵他們,也是告訴自己,自己的教學是有效的、有成績的。

當你願意天天來學校上課,來學校給老師看,這就是好的開始。雖然40分還是不及格,只有不放棄自己,並同時運用套用公式高分法,很快就會看到進步的。

名人經驗・英國劇作家 莎士比亞/知識是幫助你飛上天的翅膀。

套用公式高分法

套用公式高分法的步驟

1. 每天準時上課，準時下課。
2. 每天上課專心在老師的講課上，不可以打瞌睡。
3. 回家後先跟上學校教的進度，把作業和課本內容熟練。
4. 預習明天的功課。
5. 採用本書中各種學習法交互運用。
6. 星期六和星期日才上網交朋友。
7. 多運動，保持好體力。
8. 三餐正常，不偏食。

套用公式高分法的運用

1. 公式一定要記下來。
2. 各學科的公式要整理歸納在筆記本中。
3. 公式要常常運用才會靈活。
4. 每一個公式都要瞭解它是怎麼來的。
5. 熟練公式才會知道它的奧妙。

名人經驗・英國劇作家 莎士比亞／勤為無價寶，慎乃護身術。

045 五十分,你是來學校學習的

有效運用考試後增強法,可以鼓勵自己面對準備考試的各種煎熬。

「林小河,這一次你理化考50分,老師很高興。」

「報告老師,我媽也很高興,說我再努力一點就可以及格了。」

「林小河,那你還在吃『中藥燉豬腦加人蔘燉雞腦』嗎?」

「報告老師,我媽說她覺得吃『豬腦』進步20分,吃『雞腦』再進步20分,所以現在我又再加上『清燉鴨腦』。」

「林小河,你是來學校學習才考好分數的,不是吃『腦』補出來的。」

不管用什麼方法,只要是正當的方法,不是作弊而考好的分數,相信任何進步都是真正的因學習而進步。雖然50分離60分很接近,但是,通常會出現學習上的瓶頸,就是分數會停滯下來,用過去所使的方法都不再進步。所以,現在要改採考後增強法,來快速改善這種瓶頸。

名人經驗‧法國現實主義作家 巴爾扎克/人的全部本領無非是耐心和時間的混合物。

考後增強法

考後增強法的步驟

1. 考試後有錯的題目立刻再作一遍,加深自己的記憶。
2. 考試後的考卷要整理好,成為將來複習的範本。
3. 考試前要積極準備複習功課。
4. 準備科目考試要先讀容易寫錯的部分。
5. 對於自己會的概念(或題目),一定不可以寫錯。
6. 如果你的程度在50分,那麼考60分就是一種進步。

記住:考試後有錯的題目立刻再作一遍,加深自己的記憶的作法,是一種非常有效的學習進步法。

考試後大補帖

1. 我已經有進步了,這是很好的現象。
2. 我如果再努力一些,成績一定會更好。
3. 離及格60分已經不遠了。
4. 想要考及格的分數原來是很容易的一件事。
5. 再努力!再加油!我一定會成功。

名人經驗・激勵大師 馬爾騰／思想正確,一生不敗。

考試策略實力篇 | 97

046 學習密碼

六十分，你是位學生

看過的要會，沒看過的也要想辦法學會。

「林小河，你這一次理化考60分，媽媽有沒有很高興？」
「報告老師，我媽說吃『清燉鴨腦』可以讓我考70分的，所以我媽不開心。」
「林小河，回去告訴媽媽，因為你吃的不夠多，不夠久，才沒有顯現出來。」
「報告老師，我媽要我問老師，到底要吃什麼『腦』才能讓我理化考100分。」
「林小河，回去告訴你媽，吃『腦』是第一步，第二步要動『腦』學習，才會進步。」

到學校學習的成績一定至少要達到60分，才算是一位真正的學生。雖然，用分數去衡量所謂的學生並不公平，但是，這是一個普世標準。不管你對這門學科有多討厭，你也一定要達到60分才能放鬆自己，因為唯有如此，你才不會退步的很快。要達到60分並不容易，要維持60分更難。所以，心中一定要有一把分數的尺，告訴自己不管如何，所有的學科一定要有60分才行。

接下來，你要採用學科系統整理法，將你討厭的學科維持在60分。

學科系統整理法的步驟

過來人的經驗

1. 不同的學科學習，所花的時間都不一樣。
2. 亂槍打鳥的學習，效果都是不好的。
3. 考試卷上面的成績不好，往往不瞭解問題在哪裡。
4. 不同學科的考試，需要運用不同的方法，但究竟哪一種方法比較好？
5. 怎樣用最有效的方法，拿到最好的成績，是每個人希望達到的目標。
6. 每科都想學好，但不知道好的方法在哪裡？

培根的歸納法

歸納法是將各種學習的資料，全部讀一遍之後，整合成一個系統或道理的方法。例如，想要寫好作文一定要瞭解，任何文章都包括起、承、轉、合；抑、揚、頓、挫等四個階段。

名人經驗・德國作家 歌德／今天所做之事勿等明天，自己所做之事勿等他人。

笛卡兒的演繹法

笛卡兒的演繹法是由一個相同的道理，推展出去應用在不同的事物上。例如，學習英文的過去完成式之後，可以運用在各種過去式的句子中。

學習典範的策略

1. 看過的概念就要想辦法記起來。
2. 在課本中的每一頁，將重點用有色筆標示出來。
3. 如果學習的範圍有5頁，就要知道重點在哪裡。
4. 比較容易忘掉的部分，要用特別的記號。
5. 拿到課本要先讀容易忘掉的部分。
6. 在課本中將考古題標出來。
7. 可以用「＊」將重點標出來。
8. 下次讀書時要先讀有「＊」的地方。
9. 每一科要用一本筆記簿將重點寫下來。
10. 將所有科目的考試卷整理好。
11. 考試卷中寫錯的地方，要記得多讀幾遍（或多抄寫幾遍）。
12. 重要考試前看自己的筆記就可以。

名人經驗・德國作家　歌德／忘掉今天的人將被明天忘掉。

專家的建議

1. 學習一定要掌握知識的內涵。
2. 想要有好的學習結果，就必須瞭解這個單元究竟要你學哪些知識。
3. 最好的學習策略，就是將所學統整起來。
4. 重要的學科考試，內容都是包羅萬象的。例如，地理可能考數學的概念，英文可以考語文程度。
5. 學習過程要熟記笛卡兒的演繹法和培根的歸納法。
6. 將演繹法和歸納法運用到熟練為原則。
7. 想要熟練演繹法和歸納法，可以看該科目的參考書（或教師手冊）。
8. 每一個學科的單元，都會希望學習者學會哪些目標。

學習秘訣

1. 不同的科目用不同的筆記簿。
2. 提高學習效果，可以用一張圖、一句話、一段故事、一個表格等。
3. 將考古題當寶貝，因為它會讓你在考試中如魚得水。
4. 會的概念要掌握，不會的概念也要掌握。
5. 把握容易錯的題目，因為它是決定勝負的關鍵。
6. 不會的概念可以抄寫幾次或多讀幾次。
7. 該演算的題目，用眼睛看的效果一定不好。
8. 該抄寫的概念，用「心」思考的效果會打折扣。

047 七十分，你是甲級生

學科學習時間的分配，比學科讀書方法的運用效果佳。

名人經驗‧德國作家 歌德／時間是我的財產，我的田畝是時間。

「林小河，你還在吃『清燉鴨腦』嗎？」
「報告老師，我媽說還是老師你比較聰明。」
「林小河，為什麼你這麼說呢？」
「報告老師，因為我媽現在要燉『腦』給我吃的時候，都先把那些『腦』動一動。」
「林小河，回去告訴你媽，是動你的腦，不是動那些『腦』。」

當你的學科分數維持在70分時，那表示你在這門學科上擁有一定程度的實力，這是很好的學習狀態，一定要好好把持住。70分是一個很好的分數，不要覺得70分很容易維持，一不小心就跌落到69分；但也不要覺得很難，因為只要用對方法，再加上你有實力，這樣很容易就可以拿到80分了。

在70分以前，通常不用太複雜的學習方法就可以達到，但是70分以後，學習方法與策略就顯得很重要了。現在，要開始改變學習方法與策略，改用學科歸納分析法，來向80分邁進。

學科歸納分析法的步驟

學科學習時間分配法則

1. 先讀會的科目，再讀比較不會的科目。
2. 先讀有把握的科目，再讀比較沒把握的科目。
3. 先讀一定會考的重點，再讀不一定會考的重點。
4. 先讀份量比較少的科目，再讀份量比較多的科目。
5. 先讀需要思考的科目，再讀不需要思考的科目。
6. 先作考古題，再做練習題。
7. 先讀需要理解的科目，再讀需要背誦的科目。
8. 先讀上週的進度，再讀上上週的進度。

良好學習的五個習慣

1. 珍惜時間的習慣
學習的主要關鍵，在於時間的管理。學習在有限的時間裡，完成各種學習的任務。將每天可以用來讀書的時間，作最充分的運用。

2. 凡事計畫的習慣
作任何事情，要先充分的計畫。透過計畫逐一處理事情，將學習目標與進度，作充分的規劃，才能收到「事半功倍」的效果。

3. 講究方法的習慣
有效運用方法，才能提升學習效率。方法不對，容易導致事倍功半的現象。使用有效的方法，進行學習活動，才能提升學習效果，並且建立自信心。

4. 不斷學習的習慣
持續性的學習，才能讓自己立於不敗之地。唯有不斷地學習，才能夠適應新的生活方式，提昇自己的程度。

5. 虛心檢討的習慣
遇到問題要虛心檢討，不可怨天尤人，歸因在他人身上。透過虛心檢討，瞭解自己的缺失，修正自己的方法策略，才能在下一次的挑戰中成功。

有效運用24小時的秘密

1. 睡覺時間不可以少，每天的睡覺時間要固定（例如，晚上10:30以前一定要睡覺）。
2. 在學校上課時要專心聽、作筆記、劃重點、反覆練習。
3. 補習班上課時間可以用來準備各科考試，必要時可以錄音下來反覆聽。
4. 寫作業可以利用零碎時間，各科的作業可以在教師講解時順便完成。
5. 洗澡、洗衣服、整理房間工作可以同時進行。
6. 養成良好的習慣就不必花太多時間在處理雜事上。
7. 將每天、每週、每個月需要處理的私事，以行事曆的方式記下來。
8. 用便利貼提醒自己每天必須作的雜事。

專家的建議

1. 合理的時間分配，可以提升每個人的工作效率。
2. 同樣的時間所產生的學習效果，因為時間管理的不同而有差異。
3. 變換學習方式和內容，可以讓人腦達到最好的休息效果。
5. 一門功課的學習時間，以1-2小時左右為宜，避免時間過度而產生疲勞現象。
6. 每讀40分鐘的書，就要休息10分鐘。
7. 每天的時間運用，要配合生活作息。

名人經驗・德國唯心主義哲學家 康德／天才是自創法則的人。

048 八十分,你是好學生

真正的學習高手,會運用好的方法增進自己的成績。

名人經驗‧德國唯心主義哲學家 康德／我應該,所以我能夠。

「林小河,這一次你進步很多,考了80分。」
「報告老師,我媽說怎麼樣都還是老師你比較聰明。」
「林小河,為什麼你媽這麼說呢?」
「報告老師,我媽每次燉『腦』前一定先搖我的腦10分鐘,才把那些『腦』拿去電鍋燉。」
「林小河,回去告訴你媽,是運用你的腦去學習,不是搖動你的腦。」

一般而言,成績在80分的學科要退到70分不會是一次考試就出現,通常是慢慢地因為你長期不用功或是忽略了學科學習才會出現,因此,維持住80分對你而言不是一件難事了,但是要往上爬到90分,就比70分爬到80分要難上許多倍。如果,這時的你有企圖心,那麼就使用學科高分學習法來達成你的企圖心。

學科高分學習法步驟

學習效能的意義

一般而言,學習效能包括「制握信念」和「自我效能」。「制握信念」指的是對自己的行為和行為的後果之間的增強信念。例如,相信用功讀書就會有好成績的學生,就會自我要求努力讀書。「自我效能」指的是相信自己可以控制學習的成果。例如,我可以掌握學習的時間,讓我自己在考試上得到好成績。

成績高學生的經驗分享

1. 學科補習有存在的必要，但是和成績不一定有正向的關係。
2. 想想看，補習適合自己的學習型態嗎？
3. 如果確定補習會提高學科成績20%以上，才決定是否補習。
4. 有學習上「自知之明」的學生，通常會自我要求。
5. 想要有高的成績，就必須要有好的「制握信念」和「自我效能」。
6. 擁有一套有效的「學習策略」才能在未來的學習成果上有好的表現。
7. 為自己建立一套「自律的學習態度」將有助於提高學習成績。
8. 好的學習高手會自我要求。

學科學習高分10要領

1. 一要：設定好讀書的目標。
2. 二要：擬定達到目標的策略。
3. 三要：隨時集中學習注意力。
4. 四要：專心聽講專心思考。
5. 五要：隨時調整讀書速度。
6. 六要：不斷複習直到瞭解。
7. 七要：妥善分配學科學習時間。
8. 八要：營造良好的讀書環境。
9. 九要：隨時要求自己自動自發。
10. 十要：隨時給自己一個掌聲鼓勵。

學習典範的建議

1. 小考的範圍在於教師上過的課程內容。
2. 週考的範圍在過去一星期上過的課程內容。
3. 段考的範圍是小考＋週考的範圍。
4. 複習的計畫要先鎖定考試的範圍。
5. 沒有計畫的讀書，和亂槍打鳥的效果一樣。
6. 明天要考物理，今天晚上一定要讀物理。
7. 考試卷上會的題目，一定要將分數拿下來；考試卷不會的題目，也要想辦法將分數拿下來。
8. 培養正向的讀書態度，就能在未來的考試中獲得正向的鼓勵。

> 名人經驗・德國唯心主義哲學家 康德／教育的目的就在於使人成為人。

049 九十分，你是優等生

考試並不難，難的是自己對考試沒有用心準備。

「林小河，這一次你考了90分，真的成績很好，老師很滿意。」

「報告老師，我媽說她很難過，因為她不知道怎麼樣才能讓我『用你的腦去學習』。」

「林小河，這是什麼意思？什麼叫『用你的腦去學習』？」

「報告老師，上次老師要我轉達給我媽的話不就是『運用你的腦去學習』。」

「林小河，那是叫你要靈活運用你的腦去思考怎麼學習，不是用老師的腦。」

對，就是要靈活去運用你的腦袋，去學習學科知識。很多人會說，學校教得這麼難，出了社會也不一定會用到。這是很錯誤的觀念，學校教的雖然不一定你可以每一樣都用在社會上，但是，學校所提供你學習的環境、學習的方法與策略、學習的思考模式與應用，都是讓你可以在出了社會後靈活運用。所以，當你可以把學科成績提高到90分時，你的確就是班上的優等生，這表示你比別人更懂得學習，出社會後也更可能在短時間學好你未曾學過的事情。

所以，接下來你應該使用舉一反三效果法來提升你自己的學習力。

舉一反三效果法的步驟

學習現象解析

1. 成績好，並不代表學得好；但學得好，成績一定好。
2. 學習的重點不在於成績，而在於你學會多少原理。
3. 學習強調的是方法，而不是計算過程所用的策略。
4. 在計算正確之後，比較重要的不是你得到多少分，而是你學會多少方法。
5. 運用自己的思考和創造能力，解決的問題，才會得到真正的成就感。
6. 學習無法急就章，必須透過平時思考、整理和努力而來。
7. 面對問題時，想一想如果生活上真正遇到了，你會處理嗎？
8. 天才告訴你的方法，只能做為參考用，要想辦法讓它成為你的想法才重要。

名人經驗・美國文學家 愛默生／知識是累積無數人的思想和經驗而成的。

舉一反三的策略

1. 同類型的問題，所使用的方法都一樣。
2. 不同的癥結在於內容，不在於方法和策略。
3. 真正學到概念的同學，課本的題目會作、習作的題目也一定會作、參考書的題目更會作、考卷上的難題也絕對會作。
4. 同類型的題目，會作一題等於會作一百題。
5. 重要定理、公式和結論一定要熟記，並且整理歸納在筆記本中。
6. 正確地把握題目的重點，將題目的真正問題找出來。
7. 有關的知識，一定要熟練到不經思考就可以想出來。
8. 好方法不是「想出來」的，而是不斷「用出來」的。

學習高手的錦囊

1. 每一道題目都不可以隨便放過，哪怕明知道無解的題目也要用大腦想一想。
2. 想想看如果連老師都不會的題目，你我可以解出來的成就感，一定會讓你我為學習而瘋狂的。
3. 將自己在複習的過程中，不會的題目抄錄下來，等腦袋清醒時再想想看。
4. 真正不會的題目一定要找同學或老師，幫自己進行難題的解說。
5. 概念不清楚，觀念就不會清晰；觀念不清晰，邏輯就容易出錯。
6. 計算時不要企圖每一道題目都會，但要想辦法將困難的題目也學會。
7. 先有學習的信心，才會有勇氣面對困難議題。
8. 當老師在講解題目時，除了記筆記之外，也要想一想老師的思路。

專家的建議

1. 如果你認為很難，它就真的會很難。
2. 有些解題可以看合作方式處理，透過合作過程可以提供自己更豐富的想像。
3. 學習策略的改變可以增進學科的學習能力，爾而改變自己的學習策略試試看。
4. 學好學科的關鍵，在於「不懂要弄到懂、不會要搞到會」。
5. 聰明的學生在學習上會占便宜，但透過練習可以讓平凡的學生占更多的便宜。
6. 歷年來在考試上得到高分的同學，並不一定是全班最聰明的，但一定是全班最願意下苦功的。
7. 我們先放棄學習，分數才會放棄我們。
8. 分數是死的，腦袋是活的。用我們聰明的腦袋，克服數學課本的死腦袋。

> 名人經驗・美國文學家 愛默生／怎樣思想就有怎樣的生活。

050 一百分，你是模範生

學習密碼

學習高手重視的學習效率而不是學習形式。

「林小河，這一次你考到全班理化100分，沒有作弊吧！」

「報告老師，我……」

「林小河，你是作弊的嗎？」

「報告老師，我不是故意的。因為，我媽說老師你說的太難了，她不知道怎麼教我，所以在考試的時候，我就偷偷地一直搖動我的頭。」

「林小河，搖動你的頭跟考100分有什麼關係？」

搖動你的頭跟考100分有什麼關係？當然沒有關係。有關係的是你想考100分的企圖心從沒有動搖過。一位學生要在學校拿到100分，是一件很光榮的事情，那不是靠『吃腦補腦』就可達成的。所以，考100分而走路有風，考100分而驕傲的學生，是因為他真的在學習上有他的方法，而這方法就是資優生的學習法。

資優生的學習法的步驟

資優生的學習密碼

1. 瞭解學校要教哪些重點，而不是正確的答案是什麼。
2. 習慣用自己適合的學習方法，用自己感興趣的的模式學習。
3. 讀書到了一段時間之後，就要有適當的休息，因為再好的機器如果不休息，也會有「當機」的時候。
4. 不要死守固定的學科，要有隨時轉換科目的計畫。因為數學和國文的一分都一樣重要。
5. 學習時一定要集中注意力，專心讀20分鐘的效果，比不專心讀80分鐘的效果還要好。
6. 在運用大腦時，可以先用左腦學習數學，再用右腦學習英文，如此大腦才能有效率地運轉。
7. 透過自己的好奇心進行各種事物的學習，才會有好的學習成效。
8. 避免盲目地背各種抽象的概念或公式，因為人腦的記憶有限。

名人經驗：諾貝爾文學獎得主 羅曼‧羅蘭／創造，或者醞釀未來的創造。

名人經驗・美國文學家 愛默生／思想是行動的種子。

學習資優生的忠言

學習的好壞與一個人的智商沒有絕對的關係，不要太相信學校的智力測驗。只要掌握各科學習的技術，有效學習有關學習議題（learning to learn），大家都可以成為學習的資優生。

學習資優生的建議

1. 學習資優生的關鍵在於「用對方法」。
2. 學習最重要的是知道「為什麼學習」的道理。
3. 想要提高自己的學習興趣，就要適時地滿足自己的好奇心。
4. 要不斷地問自己「為什麼」，然後想辦法透過資料蒐集解答問題。
5. 為自己建立主動學習的好習慣，這些好習慣會陪伴自己一輩子。
6. 每隔一段時間就要更換學習的科目，避免讓自己的大腦過度疲憊。
7. 學習方法沒有好壞對錯，只要適合自己的學習風格的就是好的學習方法。
8. 用對的學習方法，提高學習成就，就可以讓自己成為學習的資優生。

專家的建議

1. 學習成績好的學生，不見得都是智力測驗下的資優生。
2. 學習成就是努力、付出、犧牲的結晶。
3. 用對方法比讀對重點重要。
4. 不要將所有的時間集中在同一學科上面，因為每一學科的分數比重都一樣。
5. 想要成為學習的資優生，就要掌握學習方法、學習效率與學習策略。
6. 對任何科目保有「好奇心」，才能讓自己持續的讀該科目。

筆記欄

6

考試準備篇

考試是需要有系統性計劃和準備,才會有好的成績。千萬別相信那些人說自己沒有準備,卻常常考高分同學的話,因為他們平時就在準備了。考試就像是一場戰爭般,一定要有「養兵千日、用在一時」的作戰策略,才會百戰百勝。

051 考試前二週的準備法

學習密碼

想要將概念轉成自己的東西,就要先學習理解和舉例的功夫。

考試是需要事先計劃並且好好執行。一般而言,拿高分的學生,是隨時隨地去準備下一場考試,而在考前的二週開始加強複習。就好像是慢跑選手,在開始前維持一定的跑步速度,不太快也不太慢,不強求自己贏很多,但絕對不能輸太多。到最後前五圈時,開始加速快跑。考試前二週就是暖身之後的快跑。

有計劃去執行自己的考前計劃,別管別人怎麼用諷刺的語言來說你。其實,大部分用功的學生都是寂寞的。

先課本後習作法

考試高手三部曲
1. 確定考試前的讀書順序
2. 先讀課本的一個單元
3. 再複習習作的各種題目

高手的讀書順序
1. 先將考試的學科依據學習上的特性,作先後順序的調整。
2. 依據自己需要的讀書時間,分配各個學科的讀書時間。
3. 先讀各科各單元平時上課時劃的重點。
4. 其次,再將習作內的題目熟讀(或熟練)。
5. 閱讀講義和參考書。
6. 複習已經考過的考卷。
7. 運用考古題瞭解自己的複習情形。
8. 修正讀書的順序。

名人經驗・偉大發明家 愛迪生／我不以為我是天才,只是竭盡全力去做而已。

讀課本的要領

1. 每次看課本時，以一課（或單元）為基本的單位。
2. 讀課本時要避免將各種概念混淆不清，要將基礎打好。
3. 基礎性的知識，要花時間閱讀整理，以成為自己的知識庫。
4. 如果感到疲勞時，就要停下來休息（或走動）。
5. 課本中的概念學習，理解比閱讀還要重要。
6. 每個單元的知識或概念，都要透過理解並且舉例印證。

讀習作的要領

1. 習作通常是課本內容的精華版。
2. 習作的題目可以用來檢視自己在該科目的學習程度。
3. 習作的題目要精讀，並且成為自己的長期記憶。
4. 習作的題目要反覆練習，才能達到複習的效果。
5. 如果作習作的題目時感到困難，就要回過來讀課本。
6. 習作的題目熟練了，就可以在考試中活用。

專家的建議

1. 用對的方法學習效果才會好。例如，不要訓練烏龜飛在天空，除非在它身上裝上翅膀。
2. 不會走路就想跑，是一種「天方夜譚」的想法。
3. 想要讓自己的學習效果好，一定要先熟讀課本。
4. 讀書最大的天敵在於根札得不深。
5. 課本和習作的複習，在上課時就可以邊上課邊複習。
6. 講義、考卷和參考書，可以放學後在家複習。

名人經驗・林進材教授／「讀書」和「考試」是脫離貧窮的最好機會。

052 考試前一週的準備法

學習密碼

培養有規律的讀書習慣，不要到考前才臨時抱佛腳。

考試前一週的準備應該以自我考試與複習為重了。這時的重點要放在自我測驗。此時的心境應該是馬拉松選手跑向最後一圈的衝刺心情，絕對不可以不耐煩，失去努力的耐性。定心定性才是真的。

一般學生會在此時放棄自己，因為坐不住也讀不下書。主要的原因是平時不努力，現在才開始努力已經太慢了。不但如此，因為不熟悉也不會，所以讀起來是像剛學習的新課程，完全沒有熟悉度，才會有這種心情。

而高分的學生，在此時是一再將自己不精熟的題目與內容，一再反覆的練習與自我測試。所以現在開始就快快拿起書本複習吧！

先習作再考古法

一般學生的經驗法則

1. 考試前一天才開始溫習功課。
2. 沒有關係，離天亮還有一段很長的時間。
3. 考試前只要專心準備、全神貫注，就可以拿到好成績。
4. 先讀考古題，再讀參考書，後讀課本和習作。
5. 大考小玩，小考大玩。
6. 這道題目這麼難，考試一定不會出來。

先習作再考古的意義

準備考試時，要先溫習課本的重點，再讀習作的重點，翻翻筆記，最後再讀考古題，如此循序漸進，才會有好的學習成績。

名人經驗·《人間喜劇》作者 巴爾扎克／生活的智慧大概就在於遇事問個為什麼。

先習作再考古的步驟

1. 先將考試科目的所有資料、講義、課本、習作、筆記、考古題拿出來。
2. 閱讀的順序，依序為(1)課本；(2)習作；(3)講義；(4)筆記；(5)考古題。
3. 如果已經讀完課本、習作、講義，就可以測試自己的複習結果。
4. 利用考古題測試一下自己的能力和程度。
5. 對考古題作充分反覆的練習。
6. 如果考古題的成績未達80分的話，就要再反覆閱讀筆記。
7. 在筆記簿上，將考古題作錯的部分記下來。
8. 整理自己在考試科目上的各種資料。

先習作再考古的策略

1. 花時間預習功課。
2. 熟讀考古題。
3. 進行考前猜題。
4. 溫習教師上課提示過的重點（參見該科筆記）。
5. 研讀教師提供的講義。
6. 重讀自己上課記的筆記。
7. 和同學成立讀書會討論重點。
8. 進行猜題和討論答案。

資優生的考試法則

1. **立即行動方案**

   考試前一週，立即採取行動。行動方案包括有效的學習步驟、有規律的讀書習慣、必須複習以前考過的考卷、蒐集各種天下兵器（近年的考題）、對考試的形式和內容瞭若指掌。

2. **積極應戰七要**

   一要積極備戰；二要心情放鬆；三要集中精神；四要閉關應對；五要保持最佳身體狀況；六要瞭解考試規則；七要備妥考試裝備。

3. **分秒必爭的五要**

   一要注意考試的時間、地點、日期要熟練；二要掌握考試內容和選答題目；三要作好時間的分配；四要利用剩餘時間檢查是否錯誤；五要先寫自己容易得分的題目。

4. **冷靜客觀的七要**

   一要熟悉作答方式；二要注意作答說明指示部分；三要注意例題；四要及時發問；五要一字不漏看清楚；六要堅持到最後關頭；七要保持冷靜，注意陷阱。

5. **考後的心情五要**

   一要冷靜等待結果；二要心情輕鬆以對；三要鍛鍊身體；四要檢討改進缺失；五要虛心接受成績表現。

> **名人經驗**·二次大戰美軍統帥 喬治·巴頓／成功，往往取決於冒險的積累。

053 考試前三天的準備法

學習密碼

每件事情都前三天完成，你就不必追著時間跑，感覺時間永遠不夠用。

考試前三天應該是你已經準備好考試的時候。此時你應該是開始自我模擬測試。比照平時期中考或是期末考的時候，一次一次的練習考試。這樣的你才不會因為考試而緊張，或是拉肚子。

三天前完成方法

名人經驗‧德國哲學家 黑格爾／凡是合理的都是存在的，凡是存在的都是合理的。

學習的SWOT理論

1. **學習上的優勢S（strength）**
   瞭解自己在學習方面的優勢有哪些？例如最擅長的是哪一科，哪一個單元最拿手，哪一種考試最有把握。

2. **學習上的弱勢W（weakness）**
   想想看自己學習方面的弱勢有哪些？哪一個學科的學習最感到困難？哪一個單元最需要花時間準備？哪一種考試最需要花心思？

3. **學習上的機會O（opportunity）**
   在學習方面，自己可以掌握的機會有哪些？例如哪一門學科的單元可以不必花時間準備？哪幾個單元的學習可以互補？

4. **學習上的威脅T（treat）**
   在學習方面，有哪些因素會威脅到自己的學習表現，哪一科的成績會拉低其他科目的成績？哪些因素對自己的學習有負面的影響？

   學習的準則：維持優勢、調整弱勢、掌握機會、消除威脅。

三天前完成的準則

1. 保持學習的新鮮度：避免過度緊張而忘掉複習的重點。
2. 加強不熟悉的部分：對於不熟悉的概念要加強複習，直到自己熟練為止。
3. 維持對考試出題的敏感度：對於未來可能出現的考題要隨時反覆練習。
4. 維持解題的敏感度：對於不會作的題目，一定要想辦法解出來。
5. 考試前一定要練習解題：考前複習的重點要放在解題上。
6. 強化學習概念的連結：對於各主要概念與次要概念加強連結。

學習高手的學習密碼

1. 學習一定要分秒必爭，掌握每一個可以運用的時間。
2. 有計畫的學習，才能有好的學習成果。
3. 時間在追你，你也在追時間；好好運用時間，才不會感到時間不夠。
4. 讀書10分鐘，就要有10分鐘的效果。
5. 規劃多少時間讀多少書，例如10分鐘要記住3個英文單字。
6. 時間多時讀困難的概念，時間少時讀簡單的概念。

考前的讀書順序

1. 先讀可以拿80分的科目，再讀可以拿60分的科目。
2. 先讀自己不太強的科目，再讀自己弱勢的科目。
3. 先讀可以拿及格分數的科目，再讀可能不及格的科目。
4. 最強的科目留在最後讀。
5. 別忘了留給自己喘氣和休息的時間。
6. 喝一杯熱茶，再開始讀。

名人經驗：法蘭西思想之父 伏爾泰／熱愛真理；原諒錯誤。

054 考試前一天準備法

分數，是你讀書的成就感來源；名次，是你繼續用功的動力。

這一天是把你過去三天所作的模擬測驗題中錯誤的題目再複習一遍。因為，此時再去考試或讀新的資料，已經來不及了。不但如此，對於不熟悉的內容，你也很容易讀過就忘，而浪費寶貴的時間。因此，重點宜放在你已熟悉卻不精熟的題目或內容。

名人經驗‧日本名師　田光中一／找到自己的讀書方法。

考試高手的錦囊妙計

1. 瞭解教師命題的心理，就可以掌握未來出題的方向。
2. 考古題要多加練習，因為那是幫自己拿高分的最佳策略。
3. 如果考古題考卷上自己可以拿到80分以上，就不用擔心下一次考試的成績不好。
4. 將老師上課強調的重點記錄下來，並拿考古題來對照，就能掌握考試的重點。
5. 考古題的內容強調的是學習概念，下一次考試時頂多換一換不同的數字，數學科的考試就是最好的例子。
6. 猜題不是一件難事，難的是要猜對考試的題目。
7. 準備考試沒有捷徑，每一次都需要土法煉鋼式的學習和複習。
8. 想要考高分的話，任何學科的概念都要理解。

強迫記憶學習策略

1. 理解永遠是記憶的最佳良策。
2. 如果不想記住的話，記憶概念就永遠不會進步。
3. 在學習方面，如果退一步、進二步，還是進步。
4. 將各種概念分開來記，才不會產生記憶混亂的現象。
5. 運用想像力可以提高記憶能力。
6. 透過「自問自答」的方式有助於提高學習效果。
7. 最好的記憶關鍵時刻絕不會是肚子餓、心情不好、吃飽撐著時。
8. 8小時內複習20分鐘，比一週後複習2小時的效果還要好。
9. 將相同的內容或概念，以不同形式記下來的效果是最好的。
10. 將自己記憶的次數記錄下來，可以提高記憶效果。
11. 將想要學習的概念記下來，有助於加深自己的學習印象。
12. 以圖表呈現學習概念，對於記憶加強有正面的幫助。

記住：臨時抱佛腳還是有用的！

名人經驗・日本著名教育家　多湖輝／熬夜會降低記憶力。

055 猜題的方法－題目，差很大

學習密碼

整理三份同樣進度的考古題，就可以猜出下一次考試的題目。

名人經驗‧日本學者 清水幾太郎／讀書的動力在趣味。

透視老師命題的方法是你該學習的專業項目之一。能當老師的人，在學習上都有其妙招，就是知道可能會考的方向與內容。

利用考古題來訓練自己對於題目的熟悉度。在平時小考時的內容好好再複習，老師出題的範圍不可能全部重新來過，大部分會平時就考過了。還有，參考書的題目，你一定要讀到非常熟練的程度。

記住，除了花時間重作一遍，還要花時間再一次找出自己用猜的、寫錯答案的題目，重新再讀一遍，加深印象。

透視教師命題法

考試存在的意義

1. 考試對學生而言雖然是一種壓力，但是如果取消考試的話，學生就會對學習失去動力。
2. 考試可以瞭解教師教學之後的效果。
3. 考試可以提供學生在學習的努力情形。
4. 透過考試可以讓學生對學科的重要知識，有基本的概念和學習的興趣。
5. 透過考試可以提供學生各種學習上的回饋，引導學生改進或修正自己的學習方法。
6. 考試可以決定學生未來可以作的事。

教師的命題心理

1. 考試只是想要瞭解學生上課的情形而已。
2. 考試成績太差,老師容易感到沒面子。
3. 在上課時經常提醒學生的重點就是考試卷的內容。
4. 已經提醒幾次的重點,考試一定會考。
5. 老師也不希望以考倒學生為樂。
6. 希望學生在考試卷上面都可以拿到理想的分數。
7. 考卷上的題目如果在上課時沒有教的話,自己也會感到緊張。
8. 歷年來的考試,當老師的都會知道重點在哪裡。

筆記欄

名人經驗・日本作家 島影盟／讀書三大基本原則:多讀、養成習慣、熟讀。

056 猜答的方法－分數，殺很大

學習密碼

猜答不是主流方法，只是你唯一能在考場執行的考試方法。

「猜答」是考試中很重要的技巧，透過猜答方法的運用，可以提高考試的自信心，也可以增加考試的得分。一般猜答法包括「刪去法」、「平衡法」、「答案數量計算法」、「推敲法」等。有效的猜答可以讓你擁有和一般人不一樣的透視能力和預測能力，試試看下列的方法！

名人經驗‧香港經濟學家 張五常／知識是讀書的目的，考試只是一個方法。

教師命題大解密

1. 內容太簡單的不會考，因為全班都滿分，老師會感到沒面子。
2. 內容太難的不會考，連自己也不會的話更沒面子。
3. 容易弄錯的概念或混淆的內容，可以試試看學生上課是否專心聽講。
4. 學生越覺得不會出的題目，越是容易出現在考卷上。
5. 需要理解的題目，經常是命題的重點。
6. 考古題是經過所有教師一致公認的重點，因此要提醒學生注意。
7. 上課討論的重點常是命題的核心，因為老師常常在上課中無意的洩題。
8. 老師上課一再強調的重點，是考試最容易出的題目。
9. 每一位老師都會有建立試題檔案的習慣，從考古題中可以看出未來命題的趨勢。

> 名人經驗・香港經濟學家 張五常／用不同角度來看問題。

模稜兩可的答案

大部的答案只有一個，很少有二個答案的題目，因為會惹出爭議。因此，如果真的面對自己沒有確定性答案的題目，可以採用刪去法，看看有沒有辦法猜想出答案。

記住：絕對不可以用Call Out的方法。那可是作弊！

時間不夠了

考試時應該把會的題目先寫完，再來解決不會的題目。如此一來，你該拿到的分數才不會失分。不會的題目也要分等級。如果，你有感覺到，題目的答案再想想就可以拿到分數，就先做吧！

記住：只要能猜、能寫的答案，別管對錯，一定要寫上答案。天曉得你不是考試的賭神，搞不好你的運氣特別好，猜的全對也不一定。

寫錯字、標點符號

這是不該失分的。平時如果你很喜歡上網談天，用倉頡打字吧！因為，這樣可以讓你學會寫字。還有，不要打火星文或白字，這真的不是考試的主流語言，而是創意語言。

考試，特別是入學考這種會讓人頭皮發麻的考試，不會以火星文為主題。只有要考創意文字的工作，才是考你錯字的發揮能力。

尿急或是想上廁所

沒辦法了，看看老師願不願意通融你了。如果不通融，就再見了，下次再來了。

其實，如果你準備的很充分，應該不會因為緊張而拉肚子。但是，如果你真的因為某種原因而想上廁所，那就只好看著辦了！

記住：考試前不要喝太多的飲料或水。

057 又後悔了！

是自己想後悔，還是後悔給別人看的。這兩種情境，差很大。

如果，你是真心的後悔，想改變自己的分數，那只要你努力並找出合適你的讀書方法，應該很快就會進步。但是，若你只是怕被罵，而假裝自己很後悔，那麼，在學習上你快要沒救了。因為，你連考不好都不在乎，任何學習法都沒有效果。

懂得後悔的人，就會想要找出改善問題的方法，下列的策略，你可以試試看！

考試後增強法

考試後增強法的策略

1. 考試前先瞭解自己的學習情形。
2. 透過各種方式瞭解自己努力的程度。
3. 考試後可以提供學生在「預期中的表現」和「實際的表現」的差別。
4. 考試後要反省自己的學習方法策略。
5. 如果成績不理想的話，就必須修正自己的方法與策略。
6. 「80分」是一般教育原理中精熟程度的標準。
7. 和前一次的考試成績相比，如果進步的話表示學習方法是正確的。
8. 在自己的考卷上寫下至少三個需要努力的地方。

名人經驗・香港經濟學家　張五常／書分三讀—大意、細節、重點。

考試後面對的問題

1. 成績上的數字容易透露出自己的努力情形。
2. 考試成績往往是最無情的告密者。
3. 被羞辱不可怕，最可怕的事是自我羞辱。
4. 考試成績會影響學校教師對我們的看法。
5. 考試成績會影響父母辛苦賺錢後的心情。
6. 考試成績會影響同學對自己的看法。

專家的建議

1. 想一想如果你是老師的話，會怎麼出題考學生。
2. 考試的作用在於瞭解學生的學習情形，因此會考的都是該單元的重要知識。
3. 考試命題的關鍵在於過去沒學過的新概念、新知識和新觀念。
4. 不要常常運用猜題方式準備考試，因為僥倖不會有好的成績。
5. 花時間學習新的概念和知識，才是正確的學習方法。
6. 如果你經常用猜題的方式準備考試，未來一定會栽在自己不當的學習方法上。
7. 如果你已經充分準備功課，才可以透過考古題猜下一次考試的題目。
8. 在掌握老師命題方向之前，要記得掌握學科學習內容的重點。

名人經驗．俄羅斯文豪 耶夫斯基／壓力是產生好作品的動力。

058 考試一定要拿高分

考試拿高分，不一定就代表人生就成功；但是，連考試都無法拿高分的人，恐怕是連人生都放棄了。

當學生的人，拿到很好的分數是基本能力。很多學生會抱怨，是老師教得不好，是老師出得考題太難，卻不曾好好想過，自己到底有沒有用功學習。

爸爸媽媽辛苦的每天賺錢給你讀書，但是，你卻拿三十分回報他們，如果說這樣的孩子有多孝順，是令人難以相信的。

「讀書」和「參加考試」是每個人都擁有的二個最好機會。透過讀書可以讓自己有好的未來；參加考試可以讓自己擁有更好的生活。

名人經驗‧語學天才 蘇里曼／一邊走一邊朗讀，五感總動員。

考試高分法

考試高分關鍵
1. 投入多少時間就會有多少收穫。
2. 大時間作大事，小時間作小事。
3. 好的筆記內容等於下一次考試的題目。
4. 學習策略、學習方法和時間的運用是決定成績高低的關鍵。
5. 課本中特別標示出來的重點，通常是考試的重點。
6. 80/20法則指的是將課本的重點掌握住，熟讀精華的20%就可以取得高分。

考試高分八要
1. 一要：讀對學科考試範圍。
2. 二要：用對讀書方法。
3. 三要：用對讀書策略。
4. 四要：有效利用讀書時間。
5. 五要：讀對考試重點。
6. 六要：充分的複習時間。
7. 七要：熟讀平時的筆記。
8. 八要：看清題目放鬆心情。

拿高分策略八要

1. 一要：勤作筆記並作筆記高手。
2. 二要：上課專心聽講。
3. 三要：充分運用讀書時間。
4. 四要：考試前充分的準備。
5. 五要：有系統有計畫的K書。
6. 六要：相信自己的能力。
7. 七要：保持正常的心情和作息。
8. 八要：維持良好的讀書習慣。

作業拿高分六要

1. 一要：準時繳交作業不拖延。
2. 二要：內容正確錯誤部分少。
3. 三要：整潔美觀內容精美好。
4. 四要：條理分明重點歸納好。
5. 五要：字跡工整空間規劃好。
6. 六要：旁徵博引實用效用高。

專家的建議

1. 如果不會記筆記的話，可以將考古題的概念抄在筆記本中。
2. 好的筆記等於未來考試的內容。
3. 作筆記是拿高分的主要方法。
4. 考試得高分的人，通常不是班上最聰明的同學，而是有充分準備的同學。
5. 課堂將老師講的重點記下來，等於掌握未來考試的重點。
6. 如果自己的筆記內容無法理解的話，就必須向師長請教。

名人經驗・日本哲學家 西田幾太郎／散步，以鍛鍊思想。

059 你的問題在哪裡

練習將複雜的概念簡化，對於自己學習效果的提高有正面的幫助。

先弄清楚你的問題到底在哪裡？

大部分的人會有趨樂避苦的想法。也就是分數高的學科會越來越高，反之，分數低的學科則越學越沒有興趣。很少人會面對自己的弱點，花時間改善這個弱點。這是很正常的心理狀態。但是，就是有少數人可以克服這種心理，認真的面對問題，好好解決它。

國際巨星章子怡剛開始英語一句也不會，為了這個弱點，積極參與外國製片的演出，把英語狠狠地學會了。所以，她現在成為名符其實的國際巨星。

你不是國際巨星沒錯，但是你和她一樣曾經不會英語。那麼，你有她的企圖心好好學習嗎？

問題導向學習法

雨木木樹相學習法

中央大學博士班陳建霖，依據多年的學習經驗自創「快速樹相學習法」，在中壢創設「雨木木快速學習中心」。雨木木取他名字最後一字，也代表這套學習法類似樹木扎根般，循規則脈絡記憶，遠比傳統「背多分」有效率。

雨木木樹相學習法七大技巧
1. 學習地圖：將自己學習的概念，轉化成為記憶地圖。
2. 閱讀技巧：運用正確的閱讀技巧，加強自己的閱讀能力。
3. 高效聽講：運用有效率的聽講技巧，將所聽到的訊息轉化成為自己的記憶。
4. 訊息處理：外在的訊息透過處理，轉化成為長期記憶。
5. 複習回憶：在閱讀之後，適當的時間內就要複習以加深記憶。
6. 考試策略：考試需要方法和策略，尤其是正確的策略。
7. 時間管理：有效的時間管理，可以提高時間的效率。

名人經驗・英國用功術大家 哈馬敦／使時間浪費的最大敵人，就是使用錯誤的用功法。

問題導向學習法

問題導向學習法（problem-based learning, PBL）是將學習結合現實生活中，學生遇到問題時，可以尋求問題的解決策略。透過問題的分析、處理，讓自己成為好的問題解決者，並且培養解決問題的能力。

問題導向學習的策略

問題導向學習的實施大概可以分為三個階段。第一個階段為遇到結構不清楚的問題時，可以提出許多假設與一些解決方案。解決策略包括：1.面對問題、2.使問題明確化、3.蒐集事實、4.產生疑問、5.假設等步驟。

問題導向學習策略，第二階段為提供時間讓學生研究、蒐集資料後，對其所提出的假設做一驗證；第三階段則是再度面對問題，由眾多變通方案中，評估選擇出有可能（s）、可能性最大（p）、以及較合意的（r）方案，並替所選出的解決方案做一辯護。

問題導向學習的練習單

KND圖表		
What We Know 我們需要瞭解哪些？	What We Need to Know 我們必須瞭解什麼？	What We Need to Do 我們必須作什麼？

學習高手的策略

1. 零碎的公式要用理解的方式學習。
2. 公式儘量不要死背，要透過理解方式記下來。
3. 儘量利用公式解決學習上的各種問題。
4. 將理化學科的學習化繁為簡，加強自己的學習效果。
5. 上課時間一定要將各種概念或公式弄清楚。
6. 不要過度依賴補習班。
7. 遇到不會的題目，要和同學討論相互分享。
8. 不會的概念或題目，要儘量請教任課老師，請老師講解。

名人經驗・美國心理學家 詹金斯／足夠的睡眠可使記憶力加倍。

考試準備篇

060 考試後的準備法

學習之後的24小時內是記憶的黃金時刻。

學習高手是從考試後開始學習。因為寫錯了,因為絞盡腦汁也想不出來,當然,此時若能立刻知道答案,一定永生難忘。十年後,二十年後,或許五十年,還會記得當時寫錯了的那一題答案呢!

所以,考試完,不要立刻出去玩,要回過神來把寫錯的題目,有耐心的再學一遍。日積月累,你的成績才能轉換為實力。

關鍵時刻運用法

關鍵時刻的秘訣

學習的關鍵時刻,一般是指學習事物的重要時間,在學習關鍵時刻內,可獲得最佳的學習成效。例如,一般學科學習的黃金時刻,是在學習之後的24小時內,學習的效果最好。

名人經驗・日本研究莎士比亞權威 小田島雄志/尋找適合的環境可使成效加倍。

複習時間分配要領

1. **24小時內複習**：在學習新的概念之後，24小時內馬上複習，在每天睡覺前再複習一遍。
2. **週末假日的複習**：利用週末假日，將一週以來的學習內容，全部整理並複習一遍。
3. **月底的總複習**：將每個月所學的概念，在月底前全部複習一遍。
4. **考試前的複習**：在考試前將所有要考試的範圍，徹底地複習一遍。
5. **學期的複習**：在每一學期結束後，利用時間將學科重點進行複習。

專家的建議

1. 不管你是屬於哪一類型的學習者，都應該要配合學校學習生活和日常作息。
2. 養成讀書和複習的習慣，就不必面對考試「既期待又怕被傷害」。
3. 時間管理運用好，考試複習煩惱少。
4. 找出自己最適合複習的時間，將時間作最好的運用。
5. 用最少的時間投資，取得最佳的學習效益。
6. 天才型的學習者，瞭解時間如何運用。

名人經驗・義大利人文學家 帕雷特／「八十比二十法則」。

筆 記 欄

7

時間管理策略篇

時間，是你的人生。時間，就是你的一切。

你我最公平的就是時間。你有24小時，而我也一樣，沒有人可以擁有多一分或多一秒。在公平時間中競爭，是一件幸福的事，因為它永遠公平。

唯有好好把握時間的人，可以贏得勝利。這一篇就是希望你能運用有限的時間，去創造無限的讀書效果。

061 功課表

有效分配學科的學習時間,才能在未來的學習得到高的成績。

名人經驗‧「進化論」達爾文／讀書要讀對重點。

從進小學開始,功課表是你人生最基本的時間表,這是學校為你的學習生活所安排的時間,你不可以改變這個規定,因為大家都必須遵守這樣的時間規範,才能共同學習。

只要你進入正規學校就讀,無論是小學、中學、大學、研究所到博士班,功課表是一張被動規範你生活時間與學習步驟的表格,這是唯一一張最公平、最客觀、最忠實、沒有偏見、沒有主觀意識的表格。大家都一樣的學習表格。

表格是死的,你怎麼運用表格才是活的。沒有人會告訴你,這張表格如何靈活運用,因為,大家都被這張看起來不起眼的功課表給侷限住了。

上國語時拿出國語課本,上數學時拿出數學課本……等等,你不知道怎麼運用它。因此,在這裡要提供你一種利用功課表所發展出來的,功課表學習分析法。來幫助你在上課時就比人更技高一籌。

功課表學習分析法的運用

1. **SQ3R學習方法**
   Robinson設計的有效讀書方法SQ3R:(1)概覽(surver);(2)發問(question);(3)精讀(read);(4)背誦(recite);(5)複習(review)。
2. **80/20法則**
   80%的成功,歸功於20%的努力。
3. **學習成效的公式**
   學習成效＝學習成果／學習投入的時間

學科學習時間的分配原則

1. 有效掌握分配零碎時間。
2. 瞭解自己比較專長的科目和比較不專長的科目。
3. 分配自己比較專長學科的時間和比較不專長的學科時間。
4. 在對的時間選擇適當的學科複習。
5. 避免將時間集中在一個學科上面,以避免讓自己產生彈性疲勞。
6. 為自己擬定一份完善的讀書計畫表。
7. 運用SQ3R讀書方法在學科學習上面。
8. 至少分配20%的時間在閱讀筆記簿上面,因為這些是未來考試的重點。

學習高手的策略

1. 任何的科目都不可以放棄。
2. 要先掌握自己比較專長的科目。
3. 自己不專長的科目也要想辦法拿高一點的分數。
4. 在讀書前一定要先針對自己的學習狀況,擬定一份適當的讀書計畫。
5. 比較拿手的科目可以考慮運用零碎時間來讀。
6. 早上醒來時頭腦比較清醒,可以考慮讀需要背誦的科目。
7. 將需要花時間閱讀的材料,分成「重要又緊急」、「重要但不緊急」、「緊急但不重要」、「不緊急又不重要」等層級。
8. 依據優先順序,選擇讀書時間。

專家的建議

1. 分配學科的學習一定要量力而為。
2. 利用自我考試的方式瞭解自己在學習方面的成果。
3. 在學習時間的分配上面,以自己可以拿高分的狀況而定。
4. 上課時一定要認真聽講,將老師講的重點記下來。
5. 想要有好的成績,在學習時一定要全力以赴。
6. 分配好讀書的時間,並且擬定讀書的目標,才能在未來的考試中有亮麗的成績。
7. 在擬定讀書計畫時,一定要衡量自己的能力,不可以好高騖遠。
8. 有效地掌握零碎時間,對於學習效果的提升有正面的幫助。

> 名人經驗・日本博物學家 南方熊楠／學習語言看對照翻譯書最有效。

062 生理時鐘管理表

培養良好的生理時鐘，才能在學習過程中得心應手。

當你懂得使用功課表時，就要開始規劃自己的生理時鐘管理表。一般而言，人都有自己的生理時鐘，時間到了就想吃飯，時間到了就想睡覺，時間到了就想出去玩，這就是你的生理時鐘。

生理時鐘是沒有好壞之分，大部分人的生理時鐘都是相差不大的。例如，早上的精神會比較好，吃完午餐後就想睡覺，下午精神比較無法集中，回家後就想放鬆不學習等等。因此，你的生理時鐘若可以調整到與功課表相輔相成的狀態，那麼，你在學習的步調上就會比別人更順利，也更輕鬆一些。

名人經驗‧香港首富 李嘉誠／我凡事必有充分的準備然後才去做。

生理時鐘管理表建立的步驟

生理時鐘的意義

一般而言，生理時鐘指的是位於腦中下視丘的神經核，影響一個人睡眠和清楚的節奏，也會影響生理的各種活動和心理的各種活動。例如，歐洲和台灣相差8個小時左右，如果出國到歐洲回來，會有日夜顛倒的現象（白天想睡覺、晚上睡不著），就需花幾天的時間將生理時鐘調回來。

加強學習效果的關鍵

1. 充足的休息時間。
2. 足夠的睡眠時間。
3. 足夠的食物和營養。
4. 做好休息時間和學習時間的規劃。
5. 在最清醒的時刻閱讀需要記憶的科目。
6. 在腦袋昏昏沈沈時刻休息。
7. 剛吃飽時血液會集中在胃部，不利於記憶。因此，可以讀一些需要抄抄寫寫的科目。
8. 將自己的生理時鐘規劃出來，內容包括哪些時間讀書？哪些時間休息？哪些時間作抄抄寫寫？哪些時間計算數學等。

學習生理時鐘法

1. 維持固定有規律的生活作息，因為休息是為了走更遠的路。
2. 維持固定的睡覺時間和起床時間。
3. 避免不當的熬夜或賴床，熬夜一天要用三天補回來。
4. 避免過度睡眠。
5. 臥室應該要陽光充足，空氣新鮮。
6. 早上起來後要作作暖身操。
7. 養成規律運動的習慣。
8. 避免讓自己過度疲勞。

過來人的告誡

1. 不要讓自己成為夜貓子，因為對學習有很高的殺傷力。
2. 不要過度相信臨時抱佛腳的效果，因為它只是一時的錯覺而已。
3. 上課習慣打瞌睡，下課後就要付出更多的時間閱讀。
4. 該睡覺的時間一定要睡覺，否則就會在人生中付出更高的代價。
5. 學習資優生都會尊重自己的生理時鐘，不會和自己過意不去。
6. 讀書時間一定要讀書、睡覺時間一定要睡覺。
7. 依據學校的需要調整自己的生理時鐘。
8. 想要讓學習更輕鬆、效率更高、效果更好，就要建立屬於自己的學習生理時鐘。

> 名人經驗・香港首富 李嘉誠／人家做8個小時，我就做16個小時。

063 讀書計劃表

學習密碼

有效運用學習時間，就可以成為「學習上的莫札特」。

當你把功課表與生理時鐘管理表建立好之後，才能有效的運用自己的學習力，去設計讀書計劃表。很多學習者失敗的原因就在於，生理時鐘管理表與讀書計劃表根本無法相互配合。例如，明明早上就起不了床，卻在讀書計劃中設計了早上五點起床讀書，這根本是緣木求魚，不可能的事。這樣一來，無論你再怎麼設計讀書計劃表都沒有用，久而久之不但功課開始退步，生理時鐘也亂了起來，到頭來書也讀不好，身體也出現異狀。讀書計劃也只是做心安的。

因此，一定要先做好生理時鐘管理表，再依據你的生理時鐘去設計讀書計劃表。

依據你的生理時鐘去設計讀書計劃表的步驟

名人經驗・日本名服裝設計師 三宅一生／如何將失敗變成成功。

李遠哲的學習密碼

1. 考進台大第一年，瞭解「運用時間」和「努力閱讀」是學習成功的關鍵。
2. 為了研究科學，捨棄心愛的棒球。
3. 大一放暑假，留在學生宿舍苦讀。
4. 和學長合作學習，苦讀原文並且每人輪流分享原文書中的重點。
5. 每天一早到圖書館排隊，一直苦讀到圖書館關門才回家。
6. 讀化學系，為了充實基礎學識，自修物理。
7. 為了加強外文能力，學習德文和俄文。
8. 比一般學生付出更多的心力，因而獲得更多的掌聲和榮譽。

學習高手的時間管理哲學

1. 每天讀書時間比同學多。例如，你讀10分鐘，我就讀11分鐘。
2. 每天唸書的速度比同學快。例如，同一個概念，你要讀20分鐘，我只要15分鐘就可以。
3. 每天學會的量比同學多。例如，你一天學會10個概念，我一天學會15個概念。
4. 每天的自己都比前一天的自己進步。例如，你每一天的自己，都比前一天的自己多努力5%。
5. 在每一小步比別人多付出0.05時，100步以後，就可以比別人多5步。
6. 在小事上面，多點努力，在大事上，就會讓人望塵莫及。

名人的學習密碼

1. 在小事成功之後，就立即想下一次該如何成功。
2. 在完成小事之後，就要想下一次要做什麼。
3. 在沈醉成功的喜悅之後，要思考下一步該如何做。
4. 瞭解對自己而言，什麼事是最重要的。
5. 懂得割捨犧牲最愛，才能成就未來的大事。
6. 想要比別人高一等，就要在小事上盡心盡力。
7. 想想看「有哪一座金字塔是一天完成的」。
8. 與其一個人孤軍奮戰，不如和同好合作打群體戰。
9. 在每一個小地方努力下功夫，在未來的遠方就不會有對手出現。
10. 每一個學習上的「大師」，都曾面對過無數次的失敗。

專家的建議

1. 一個「社會學大師」的學生，很沮喪地向大師報告，自己的投稿論文被退10次的經驗。大師打開自己的抽屜，展現一大疊被退稿的文件。
2. 成功者之所以成功，一定有比一般人不同的思考方式。
3. 不要一天到晚只想成功，多花些時間想一想成功的方法。
4. 改變自己才能改變未來，未來掌握在自己手中。
5. 時間是上帝賜給每一個人最公平的禮物。
6. 時間掌握不好的人，就會離成功越來越遠。

名人經驗・「蒙娜麗莎」作者 達文西／苦練才能打下扎實的基礎。

064 生活管理表

學習密碼

時間的管理、規劃和運用，往往是決定學習勝負的主要關鍵。

當你可以依據功課表與生理時鐘管理表，執行你的讀書計劃表時，那表示你不必再依賴功課表與生理時鐘管理表了。因為，你已經把功課表與生理時鐘管理表完完全全地融入你的生活之中，你無需要特別再去看這些表，自然而然就可以去完成每一項功課，這是非常好的事情。但是，你不可以滿足，因為你還是偶爾會忘記該作的事，你還是會不小心忘記該約束自己。

現在開始，你應該靜下心來，為你的生活作設計，那就是生活管理表。

生活管理表的目的在於去管理你的時間，在你所設計的讀書計劃中，你怎麼去管理你自己的生活。雖然，你會無法明確分辨生活管理與讀書計劃有什麼不同，但是，若能夠採用下列的生活管理表的設計步驟，那麼可以讓你的讀書生活更如魚得水的自在。

生活管理表的設計步驟

有效運用時間的關鍵

1. 學習能力的提升和時間的管理有直接的關係。
2. 想要提高自己學習效果就要先學會時間管理。
3. 時間的有效運用和一個人的決定能力有相關。
4. 時間的分配和管理是決定學習效果主要因素。
5. 成績不好的學生通常時間管理能力也比較差。
6. 想要有好的學習成績就要學習時間有效運用。

名人經驗・日本作家　川端康成／日記是成長學習的紀錄，可提升作文能力。

學習高手的時間運用法則

1. 法則一：知道自己擁有多少時間。
2. 法則二：每一段時間定一個學習目標。
3. 法則三：嚴格要求自己一定要達到學習目標。
4. 法則四：集中注意力在單一目標。
5. 法則五：將自己容易分心的因素除掉。例如，想要複習時想要喝飲料。
6. 法則六：隨時運用零碎時間。例如，上廁所時讀生字卡。
7. 法則七：最好時間作最有效率的事。
8. 法則八：給自己一定的彈性時間，避免身體向你作無言的抗議。

讓時間成為自己的最佳秘書

1. 考慮多少時間作多少事情。
2. 預習和複習一定要作時間管控。
3. 給自己一些彈性時間以應付突發事件。
4. 讓自己的學習生活單純，不要有過多的無關活動和約會。
5. 參加和學習無關的活動，一定要考慮自己的條件和能力。
6. 不要妄想作超出自己能力的事。
7. 讀書很重要，但身體更重要。
8. 身體不健康，讀書效果也會不佳。

名人經驗·德國化學家 凱庫勒／淺意識法則，可解決難題。

專家的建議

1. 安排學習時間前要先把事件的重要性排序好。
2. 利用各種有色筆將重點標示出來，可以節省找重點的時間。
3. 將各種容易讓學習分心的因素排除，例如計算數學時聽音樂。
4. 不可以挪用每天的例行時間，例如用午睡時間讀英文，或熬夜準備月考。
5. 在學習運用時間前，要先瞭解事情的輕重緩急。
6. 想要有效運用時間，要先辨別事情的重要與否。
7. 下面的表格可以協助你分辨事情的輕重緩急：

緊急性（時間）重要性（輕重）	非常緊急	緊急	還算緊急	不緊急	非常不緊急
非常重要					
重要					
還算重要					
不重要					
非常不重要					

非 常 重 要：會影響學習成績，例如月考。
重　　　要：會影響學校生活，例如穿制服問題。
還 算 重 要：會影響學科學習，例如補習問題。
不　重　要：對學習生活沒有影響，例如小學的同學會。
非常不重要：對學習成效完全沒有關係，例如打網路遊戲。
非 常 緊 急：立即要處理的事情，例如下一節要考英文。
緊　　　急：只有三天可以處理，例如今天星期五，晚上要準備下週的月考。
還 算 緊 急：大約有一星期可以處理的時間，例如下週要繳交化學習作。
不　緊　急：大約有二週可以處理的時間，例如二星期後要考物理。
非常不緊急：大約有一個月可以處理的時間，例如下個月要實施複習考。

065 讀書習慣養成表

學習密碼

良好的習慣是做事最好的方法。

名人經驗・偉大科學家 牛頓／每個人最大的弱點，在於他自以為最聰明。

讀書要讀成習慣並不容易。一個人若能養成每天都讀一點書的習慣，那麼對於將來的經濟會提升很多。

在求學期間的讀書似乎讓你覺得很厭煩也很討厭，若不是將來可以考上好大學或好職業，又怎麼會心甘情願去讀教科書。沒錯，你想的一點也沒有錯。就連我過去所讀的書，我早就忘光了，可是，我從來沒有把書放下來，因為我喜歡讀書。所以，當我在寫作可以如此的順利，那是因為即使我已經出了社會，我還是把握時間，在許可的情況下，開始讀四書五經、武兵七書、孔子、老子、莊子、韓非子等等的古書。甚至，我因為覺得讀一遍不夠，乾脆好好的把這些書抄一遍，因為我喜歡，我想這樣做，更明白地說，我覺得我上了讀書的癮。

從現在開始，也許你並不喜歡你所學的科目，可能你覺得你的強項在語文而不是在數理，沒有關係，數理只拿六十已經是你的極限了也沒有關係，但是一定要養成讀書讀成習慣的人生，這樣可以幫助你思考未來怎麼走。因為，書中真有黃金屋，書中真有顏如玉。

讀書習慣養成表設計的步驟

良好的讀書習慣

1. 為自己找出最好的讀書方法。
2. 按照最好的讀書方法養成讀書的習慣。
3. 為自己擬定一個讀書的計畫，內容要包括讀書的時間、讀書的方法、讀書的策略、預定的成績等。
4. 養成隨時隨地讀書的習慣。
5. 培養閱讀課外讀物的習慣。
6. 養成邊讀書邊寫重點的習慣。
7. 養成自己整理書桌、整理學用品、收拾學習用品的習慣。
8. 務必養成物歸原處的習慣。

學習典範的十項建議

1. 第一：養成隨手整理書包、學用品的習慣。
2. 第二：養成記錄學習重點的習慣。
3. 第三：養成每天記錄學習活動的習慣。
4. 第四：養成每天預習和複習的習慣。
5. 第五：養成每天準時睡覺、準時起床的習慣。
6. 第六：養成自動學習的習慣。
7. 第七：養成自己的學習自己負責的習慣。
8. 第八：養成「今日事今日畢」的習慣。
9. 第九：養成凡事盡其在我的習慣。
10. 第十：養成「遠離不良習慣」的習慣。

專家的建議

1. 繪製一張時間管理的圓形分配圖。
2. 將每天24小時作妥善的分配，扣除睡覺、學校上課時間，安排預習、複習、寫課業、準備考試的時間。
3. 將每天學習的重要「行事曆」記錄下來。
4. 將每天學校重要事件，記錄在家庭聯絡簿上面。
5. 利用課餘時間整理筆記的內容。
6. 下課後要立即整理重點，作為未來複習之用。
7. 完成每天預定的事情之後，才進行休閒活動。
8. 在預習或複習功課時，一定要禁止自己隨意走動或有任何分心的事情。

> 名人經驗‧古希臘哲學家 蘇格拉底／知識是精神的糧食。

學習高手的策略

1. 每天記一點，勝過一星期記一大堆。
2. 零碎時間的運用往往勝過完整時間的運用。
3. 每一項作業或重要事件，要依據自己的能力標示「完成時間」。
4. 避免在各種時間內作無關的事情。例如，上課吃點心、複習功課時聽音樂。
5. 在集中注意力前，要先將影響注意力的事情處理完。例如，要複習重要學科前，要記得先上廁所，完後再複習。
6. 讀書時間一定要讀書，休閒時間也一定要休閒。
7. 睡覺前要先將明天要用的學用品、文具、書包、穿的制服等整理好，並且放在固定的地方。
8. 養成良好的學習習慣，往往勝過運用好的學習策略和方法。

066 自我形象表

形象高手知道自己要怎麼做，形象敗將只以為長得好看就吃香。

你有沒有想過，你想成為什麼樣的人？像是蔡依林一樣會跳舞？像是周杰倫一樣會作曲？像是方文山一樣會作詞？像是王心凌一樣會成為甜心教主？還是像王力宏一樣帥？你有沒有很認真的想過？在鏡子裡看看自己，覺得自己還真的很漂亮？很有男人味的帥？

這就是自我形象。

可是實際上的你，早上起床根本不洗臉，吃完飯根本不刷牙，每天上學時的制服上衣都不放進褲子裡，而褲子的腰圍也大的可以看到屁股的股溝，你根本就不在乎，還覺得超好看。你想染髮，也想留長，卻不好好的保養。你想化妝，卻不學習好好的清潔。其實，你離你想成為的偶像真的好遠好遠。

你知道蔡依林的英文有多好嗎？你知道周杰倫每天花多少時間彈鋼琴嗎？你曉得方文山讀了多少書嗎？你知道王心凌過去的家境多窮困嗎？你知道王力宏多會拉小提琴嗎？

所以，自我形象有多重要！你想成為什麼樣的人，就會走什麼樣的路。因此，不要放棄自己，現在就訂下自我形象表。

自我形象表的設計的步驟

看形象高手出招

1. 形象高手瞭解適當正確的時刻，並且正確的方法達到效果。
2. 形象高手知道考試重點在哪裡，並且將重點熟記在腦袋中。
3. 形象高手的時間掌握得特別好，並且知道什麼時間做何事。
4. 形象高手的考卷很少塗鴉修改，並且對自己的答題有把握。
5. 形象高手的讀書計畫系統條理，並且運用考試要領與訣竅。

名人經驗・諷刺文學大師 斯威夫特／書的價值應以你在它裡面所取得東西的多寡而定。

形象高手私房菜

1. 形象高手的招數是從得高分的人身上學習而來。
2. 教師上課中講的要領就是形象高手未來要用的方法。
3. 形象高手的招數是平日經驗的累積。
4. 形象高手並沒有特別聰明，他們與眾不同的地方在於勤於學習。
5. 形象高手好的招數是需要記下來提醒自己的。

形象高手之策略

1. 保持端莊而幽默的對談。
2. 隨時保持清潔與乾淨。
3. 適度的幫助他人。
4. 永遠有禮貌地對待老師與同學。
5. 聽父母親的建議。

形象高手的另類作法

1. 每一科的考試成績儘量保持均衡。
2. 自己有把握的科目要盡全力拿高分。
3. 沒有把握的科目要減少被扣分的機會。
4. 儘量不可以出現錯別字和錯誤的標點符號。
5. 不可能拿高分的科目不可錯過任何可以拿分數的機會。

名人經驗．法國軍事家 拿破崙／在我的辭典裡沒有「不可能」這個詞。

067 人際關係態度表

學習密碼

只有讀書無法擴展視野,但想要擴展視野一定要讀書。

人際關係態度表雖然與你的學業成績沒有太大的關係,但是,絕對與你的未來求學之路很有關係。舉例來說,你有時候會不會很討厭班上第一名的學生,並不是只因為他成績好而忌妒他,而是他可以為所欲為的不客氣的說話,或是你覺得他的行為太過驕傲,很想要改變。這是因為他沒有養成良好人際的態度,他認為只要成績好,什麼都不重要。事實上,到學校學習成績好是重要的目的,但是,良好的人際關係才能在日後遇到困難時,有貴人相助。這一點對你的人生之路很重要。

因此,人際關係態度表是為了你日後在求學過程中遇到貴人而作,一位相知相惜的好友或是一位如父母親般的老師,會為你的人生帶來很大的財富。

人際關係態度表的設計觀念

1. 不是所有的同學都可以成為好朋友。
2. 不是所有的好朋友都可以是一輩子的朋友。
3. 成績好不一定就不會被欺負。
4. 態度好才不會被欺負。
5. 兄弟之間的義氣要因事而異。
6. 姊妹之間的忌妒要適可而止。
7. 交到壞朋友,你等於走入地獄。
8. 規定自己,開口問問題一定要說「請」。
9. 隨手可以幫忙的事,不要吝嗇於舉手之勞。
10. 受人的協助,至少要開口說「謝謝」。
11. 「笑容」是需要學習的。

名人經驗・美國革命之父 富蘭克林／懶惰會使事情困難,勤奮能使事情容易。

關鍵時刻檢測法

1. 將自己最適合讀書的時間找出來。想一想你是哪一種類型的學習者？
2. 夜貓型的學習者：最適合讀書的時間，在於晚上10：00以後，凌晨02：00前。
3. 普通型的學習者：最適合讀書的時間，在於晚上08：00以後，睡覺前。
4. 晨讀型的學習者：最適合讀書的時間，在於早上05：00以後，上學前。
5. 週末型的學習者：最適合讀書的時間，在於週末假日學校不必上課時。
6. 想辦法讓自己的學習時間投入越少，獲得最大的效益。

記住：學習想要有好效果，就要選擇結交學習優質的朋友。

名人經驗‧英國劇作家 莎士比亞／金字塔是用一塊塊石頭推砌成的。

068 不爽時間表

學習密碼

適度的放鬆自己，可以提高學習效率。

你罵過髒話嗎？罵到什麼程度？你知道髒話背後的意義與代價嗎？你很生氣，因為你壓力很大，你覺得學習與人際關係上，你開始有不滿意的地方，家人也對你不好，不能體諒你。你很想哭，很想用髒話罵人。

這是再正常不過的心情了。每一個讀過中學的學生，都會經歷這樣的心情。有些人選擇放棄學習，成績開始退步；有些人因為受不了壓力而跳樓自殺。這是因為你在使用了所有的學習法之後，發現自己有了瓶頸，走不下去了。再怎麼補習也沒有用，再怎麼讀書也贏不了別人，你想不開了。

該怎麼做才好？

你應該給自己一個可以發洩的時間，不要多，一個小時也好，一個下午也行。總之，這就是你發洩自己心理不爽的時間。要不要讓別人知道？最好不要，因為負面情緒的發洩一定會傷到人，也會像是一把利刃般砍向自己。因此，你可以偷偷地找個安全的地方發洩。一旦發洩後，人生就像是重新活了起來一樣，你可以試試看。

名人經驗·《相對論》提出者 愛因斯坦／求學猶植樹：春天開花，秋天結果。

不爽時間表的安排

1. 一星期至少一個小時,把這一星期的不如意之事好好的發洩。
2. 發洩的方法可以用「寫」、「說」、「運動」、「哭」等方式。
3. 寫:把你所有的心情用筆寫下,好好的用筆痛說別人一頓,而後想辦法把這些紙,一張一張的撕爛,撕完後便忘掉。這種方法可以讓你的文筆越來越好,思緒清晰。久而久之,你的情緒會穩定下來,你也有情緒出口的管道,而且,平時會更專心在學習上。
4. 說:找個安全的地方,好好的練習罵人不帶髒話的技巧。心裡想怎麼說才能說到人家的痛處,而且,還說得不帶髒字。這種方法可以讓你的口才越來越好,而且越來越會說話。
5. 運動:這是最好的發洩不爽情緒的方法了。不但你會長高,身體也會變好,體力也會強化,專心與注意力會集中。在不爽時間表中,這種安排最好。
6. 哭:其實,適度的哭除了可以發洩自己不爽的情緒之外,也可以保護眼睛。好好的大哭一場,哭過後有一種心理暢快的感覺。這跟得不得憂鬱症沒有關係。適度的哭,是一種很好消除心中壓力的方法。

記住:以上的策略只是參考,你可以想出更有創意的方法,在你安排的不爽時間表中去完成它。

名人經驗・美國革命之父 富蘭克林/一個今天值兩個明天。

069 腳踏實地表

作弊是一時的，學習是一世的。

名人經驗‧哈金士／沒什麼比一知半解的知識更為危險。

你沒有準備好，所以你決定作弊。因為，同學們都在作弊，而且老師沒有發現，不但如此，他們的成績都比你還要好。你覺得人生不公平。

而我想告訴你一個真實的故事。這是發生在美國知名長春藤學校的故事。

法律系的學生在考試時集體作弊，事後被老師抓到。老師當場說，如果自首，就記過處分，如果不自首就以退學論。終於，十分鐘後，有五位學生主動站起來了。這五位學生最後被以退學處分。而沒有站起來的學生，好端端的留在學校完成學位，並且成為知名的律師，賺了很多錢。

可是這五位學生於日後想起這件事，總是感受不好。最後，有三位退出律師界，回歸平凡人生，其中一位受不了道德良知而自殺，唯一的一位，仍在律師界打拚。這個故事告訴我們，凡事要腳踏實地，不要有僥倖的心理。

學校的成績是現實的，你的確應該面對現實。但是，大考是公平的。小考的作弊雖然成績好，但是那是你在欺騙你自己。不要這樣做，否則，你很快就會迷失在成績的陷阱中。

你需要一張專屬於你自己的腳踏實地表。這可能只是一個觀念，也可能是你終身的作法，可是這就是你。

腳踏實地表的觀念

1. 忠實地對待自己的學習。
2. 成績不好,是自己的學習力需要改進,與作弊沒有關係。
3. 人生本來就是不公平,因為不公平才是公平,所以要積極地努力。
4. 作弊不會讓你考上醫學院,也不會讓你考上法學院,但是會毀了你的學校學習生活。
5. 父母生下你是因為腳踏實地懷了十個月才生下你,不是靠作弊而生下你的。

筆記欄

> 名人經驗・美國選手 菲力普斯／失敗是走向成功之路的階梯。

070 人生夢想表

學習密碼

一天進步1分一個月就進步30分,二個月就可以進步到及格的分數。

十年後你想當什麼樣的人?現實一點,你會賺多少錢?

不急著想答案,但是你應該要有方向。有方向,你才知道現在該怎麼努力。因此,最後一張表,人生夢想表,是讓你不放棄自己的學習,咬著牙也要撐下去的一張最珍貴的表。

名人經驗・英著名小說家 毛姆／一經打擊就灰心的人,永遠是個失敗者。

掌握學科關鍵,達成學習夢想

1. 為學科學習安排適當溫馨的學習環境。
2. 營造積極樂觀的學習心態。
3. 經常性練習集中注意力的方法。
4. 透過各種策略的運用集中學習注意力。
5. 研擬詳細的學科學習計畫書。
6. 採用最適合自己的學習策略。
7. 運用各種增強學習效果的方法。
8. 運用適性的複習策略。
9. 依據複習重點做成可隨身攜帶的記憶卡。

日積月累高分原則

1. **練習高手筆記法**:好的筆記是在經過學習者思考之後,將有意義的重點和資料寫下來,成為考前複習的濃縮本。
2. **高效率閱讀技巧**:高效能的閱讀技巧,不僅強調閱讀速度快,而且可以在很短時間內,就能掌握閱讀內容的重點,依據課本的內文快速地找出關鍵字詞。
3. **邏輯思考讀書法**:有效率的讀書,關鍵在於學習者的思考歷程,透過讀書方法的運用,培養對邏輯和解釋溝通的能力,以培養獨立學習和判斷的能力。
4. **運用思考回憶法**:在經過一段時間的閱讀之後,課本重要知識和內容,有多少比率可以永久記錄在大腦中,這是學習者最關心的議題。
5. **運用效率記憶法**:經過閱讀之後記錄在腦海中的重點,可以透過各種方式隨時提出來。

學習高手的建議

1. 讀書和學習沒有速成的方法，二者都需要經過土法煉鋼的過程。
2. 如果你可以做到沒有複習就考到高分的話，下一次的考試就不會如此幸運。
3. 一分耕耘，不會有二分收穫。
4. 想要成為學習高手，一定要比別人付出更多的代價。
5. 上帝對每一個讀書人都很公平，只要努力一定會有收穫。
6. 讀書的關鍵在於抓到重點，考試的要領在於讀對重點。
7. 凡是走過一定會留下痕跡，不要小看筆記對考試的重要。
8. 沒有人可以在考試中得到任何僥倖。

專家的建議

1. 短時間的精讀，效果比長時間呆讀好。
2. 讀完一定的份量之後，一定要有適當的休息。
3. 腦力和體力一樣，都需要適當的休息。
4. 「滴水可以穿石」，持續性的努力可以達成遠大的目標。
5. 如果你有一個長遠而且偉大的目標，那麼你就需要一個日積月累的讀書策略。
6. 讀書要有系統的讀，把它唸熟、真正唸通，才能成為自己的知識。
7. 讀書三部曲：上課前要預習、上課時要專心聽講勤作筆記、上課後要立即複習。
8. 預習要運用輕重緩急原則，複習要運用事緩則圓原則。

> **名人經驗・英**
> 雪萊／我們愈是學習，愈發現自己的貧乏。

夢想習慣守則

1. 如果你常花時間找東西，你一定沒有物歸原處的習慣。
2. 如果你遇到考試就容易緊張，你一定沒有準時作功課的習慣。
3. 如果你常忘記帶學用品到學校，你一定沒有睡覺前整理文具的習慣。
4. 如果你忘掉下一節課要考試，你一定沒有記事的習慣。
5. 如果你經常丟三落四，你一定沒有好的做事習慣。
6. 如果你要穿制服了才發現衣服沒洗的話，你一定沒有固定作事的習慣。
7. 如果你經常忘記下一刻要作什麼，你一定沒有管理好時間的習慣。
8. 如果你在不該睡覺的時間想睡覺，你一定沒有固定作息的習慣。

筆記欄

8

人際關係間諜篇

　　學習的人際關係，對學生來說是相當關鍵的，想要改善自己的學習成果，就要結交在學習上志同道合的好朋友。

　　優質的學習者可以提供好的學習方法，本篇用另一種輕鬆的方式告訴你有關好的學習方法。

　　試試看！你的學習會更好！

071 別相信他沒有讀書

真正的學習高手,是可以做到隨時隨地都可以學習的功夫。

名人經驗‧哲學家 泰姆普爾／一個人的智慧是他最好的朋友,謬誤是最壞的敵人。

「今天要考英文,我都沒有讀書。」
「怎麼可能,每次都這麼說,可是你都考滿分。」
「你不相信?你可以問我媽啊!」

別相信他沒有讀書,因為他隨時隨地都在讀書,而且上課時也特別專心,因為他使用了隨時隨地學習法。千萬別上了他的當。如果,你還想當他的朋友,就別拆穿他,當你也精通隨時隨學習法而分數比他高的時候,那你也可以回答他:「我都沒有讀書耶!」

破解隨時隨地學習法的步驟

1. 上課時把心思放在老師的講課上。
2. 做筆記時要把老師說的重點記下來,因為這些都是未來考試的內容。
3. 平時偷偷看他的筆記怎麼記的,因為他的筆記一定記得特別有條理。
4. 學他的方法。
5. 下課到廁所去把剛剛的筆記再回想一次。
6. 把重點記在心上,笑著走出廁所。

記住:只可以偷學他的方法,千萬不可以偷他的筆記本,這樣你才是真正的學習高手,否則,你只是一個輸不起的阿斗。

時間規律的學習策略

1. 用「備忘卡」將每週、每天的重要事項記錄下來。
2. 學習上的「備忘卡」隨身攜帶，可以隨時提醒自己，今天的重要事項有哪些。
3. 將每週的讀書時刻表記錄下來。
4. 除了學校的上課時間外，規劃一個自己可用的讀書時間表。
5. 為自己安排一個每天固定讀書時間表，養成每天讀書的習慣。
6. 將每一科目需要預習和複習的時間規劃出來，以提高學習的效果。
7. 將最困難的科目，讀書時間安排在精神最好的時刻。
8. 除了讀書之外，也要安排固定的運動時間。

時間管理典範的建議

1. 全世界每一個人的時間都一樣，但是不同的地方在於如何運用。
2. 時間的管理與運用，和生活中的每一件事都息息相關。
3. 時間管理和運用看起來困難，但從小處做起就不會覺得難。
4. 想要讓學習時間有規律，就要先瞭解時間的性質。
5. 先擁有時間的概念，才能理解時間如何有效運用。
6. 先知道有多少時間，再決定事情的優先順序。
7. 時間的安排和分配，要配合事情的優先順序。
8. 時間管理的基本概念，在於事情「做」與「不做」的原則上。

> 名人經驗・社會評論家　摩爾／一間沒有書的房子，有如一個沒有窗戶的房間。

072 有人在後面,感覺真好

學習密碼

真正的學習高手是,瞭解「付出和成績」之間的關係。

「還好我數學考得還不錯,不然又成為最後一名了。」
「就是啊!幸好阿龍救了我們,不然回家又要被罵死了。」
「他不會轉學吧?」

有人在後面的感覺真好,因為沒有人想當最後一名,所以希望有人在後面,讓自己覺得自己好像還可以。其實,誰都知道阿龍沒有考好成績是因為他的智能上有問題,所以才考不好,而自己卻還沾沾自喜的以為自己沒有最後一名。

名人經驗・作家 巴克斯頓/人生如下棋,必須有遠見方能獲勝。

分析成功、失敗法的步驟

1. 失敗,是因為你想失敗。
2. 成功,是因為你想成功。
3. 好成績是因為你有實力把學科考好。
4. 好成績是因為你真的拿出課本把它用心讀一次。
5. 好成績是因為你真的讀了課本,也作了題目。
6. 好成績是因為你在乎成績這一回事,而且打從心底不想當最後一名。

記住:如果,你覺得只要自己沒有考最後一名就是你的目標,那別浪費時間看這本書。如果,你想向前進步一名、二名或三名或更多,請繼續看下去。

筆 記 欄

> 名人經驗・英國 喀萊爾／人生的目的，是在行為而不在思想。

073 第一名永遠害怕失去

學習密碼

勇於向自我能力挑戰者，會是學習最後的勝利者。

名人經驗‧法國 拿破崙／人生的光榮，不在永不失敗，而在能夠屢仆屢起。

「兒子，為什麼不休息一下，每天都讀這麼晚。」
「媽，如果我不努力，我一定會失去第一名的位置。」
「兒子，你已經是媽心目中的第一名了。」
「不行，我一定要永遠第一名。」

你害怕失去第一名的位置是因為你太在乎別人的眼光，你怕這一失去，你再也拿不回第一名，所以，你想要一直努力、一直努力，即使大家都知道你是全班第一名，即使大家都知道你是全校第一名，你還是會怕，怕失去這個光環。因此，你需要的是自我挑戰學習法來幫助你堅強你的心志。

戰勝自我挑戰法的步驟

1. 睡前對自己催眠：「我戰勝我自己、我戰勝我自己……」至少七次。
2. 早上起床看著自己說：「我戰勝我自己、我戰勝我自己……」至少七次。
3. 一旦有害怕失去第一名的感覺時，立即在心裡說：「我戰勝我自己、我戰勝我自己……」至少七次。
4. 接下來，你需要拉大與第二名的差距，到安全的距離，這就是你的目標。你會害怕是因為分數距離太近了，所以一定要拉大分數的距離，這樣你才可以放心坐穩第一名的寶座。
5. 如果看不到自己的成功，就回頭再對自己說：「我戰勝我自己、我戰勝我自己……」至少七次。
6. 深呼吸，對自己的心裡說：「我戰勝我自己、我戰勝我自己……」至少七次。

記住：你已經戰勝自己，你已經是第一名。千萬不要因為一時迷失在成績的挫折裡，讓自己打敗你自己，去作出傷害自己的事情。否則，你將永遠失去第一名的位置。

第一名守則

1. 沒有進步是正常的現象。
2. 要學會和自己比較,而不是和別人比較。
3. 要有被其他人趕上的心理準備。
4. 考第一名的人,通常都是班上最寂寞的。
5. 要記住如果人緣不好,和考第一名是沒有關係的。
6. 不管何時何地都要記得笑臉迎人。
7. 和同學討論功課,絕對不可以藏私。
8. 要有分享考試要領的雅量。

筆記欄

名人經驗・英國首相 邱吉爾／人類唯一的引導人就是他的良心。

074 第二名的目標就是第一名

好的學習方法帶你進「天堂」，壞的學習方法帶你入「牢房」。

「為什麼我永遠是第二名，總是贏不了他？」
「為什麼他總是考的比我好，真的就是考不贏他？」
「他到底是怎麼辦到的，為什麼我那麼努力還是考不到第一名。」
如果你心中也有這樣的困惑感，那麼就表示他真的有過人之處，而這種過人之處，不是你學得來的。但是，有一種高手學習訣竅法你可以參考使用。

高手學習訣竅法的的步驟

1. **良好舒服的學習環境**
   想要專心讀書，就要有舒適的學習環境。包括安靜的書房、足夠的燈光、隨時可查資料的工具。

2. **樂觀積極的學習態度**
   對自己的學習充滿信心，將影響學習的焦慮、緊張、不安因素去掉。告訴自己只要有付出，就會有好的收穫。

3. **良好精神與充足體力**
   適當的睡眠和充足的精神，是學習成功的維他命丸。良好的精神和充足的體力，有助於提高我們的學習效率，以及閱讀各種科目所需要的思考能力。

4. **集中注意與專心學習**
   在開始讀書前，要花一些時間讓自己的精神集中，將手邊的各種事件都停下來，才能夠全神貫注在讀書上面，讀書的效果才會好。

名人經驗‧法國思想家 盧騷／工作價值之正確衡量，不在於迅速，而在於正確。

5. 擬定周延的學習計畫

對於自己的讀書時段、複習進度的規劃、適時地進行自我評量、嚴格地執行讀書計畫等，都是提高學習成效的良策。

6. 運用正確的學習策略

努力讀書也要有正確的方法，才能將眼睛所看到的、心理所想到的，轉化成為自己記憶的一部分。

7. 運用良好的讀書方法

運用正確的讀書策略，配合自己的學習規劃，才能收到事半功倍的效果。盲目的讀書，錯誤的學習方法，只會增加自己的負擔。

8. 採用增強記憶的方法

想要提高自己的記憶能力，增強記憶的各種方法要熟練地運用。例如，聯想法、組織法、心向法、想像法等。

9. 安排正確的休閒活動

缺乏適當的休閒活動，容易讓一個人產生過度疲勞的現象，導致學習記憶降低。因此，在學習過程要安排適當的休閒活動，讓自己的身體和心理可以有適當的休息。

10. 統計學習付出和成果

最好的學習策略，可以讓自己的付出和成果成正比。如果付出和成果成反比，付出多，成果不佳的話，就需要檢討改進，嘗試其他的方法。

最後，你必須知道，人一生受到遺傳、環境、學習、成熟四項因素而干擾學習的進步，但是唯有遺傳是你無法克服的先天因素。不過，天才也不一定就有你的好運氣，因此，你很幸運，有第一名當你學習的指標，某一個程度而言，贏過他就等於贏過你自己，加油！

> 名人經驗・英國 哈維／大自然是神所寫最偉大的書。

075 最後一名的人緣最好

學習密碼

名人經驗・法國設計師 威爾摩特／天才是帶著自己的燈火，並尋出自己的道路。

學習成績＝實力＋智慧＋速度＋策略＋方法。

「你是第一名，他是最後一名，為什麼你們可以成為好朋友？」
「因為，跟他在一起沒有壓力啊！」

好成績是一種沈重的壓力指數，它需要靠不斷地練習到精熟的程度才能真正成為考試卷上的好成績。第一名的壓力與最後一名的壓力正好是相反的，因為他們沒有學業上的競爭，特別是第一名要考最後一名要先克服自己的心理，而最後一名要考第一名也要長時間的努力。在短時間內，與第一名在一起，最後一名有榮譽感；與最後一名在一起，第一名有成就感，需求是不同的。很少有第一名和第二名成為好朋友。所以，通常最後一名的同學，大家都很喜歡他，唯有倒數第二名的同學不喜歡他。

給最後一名的同學一種特別的方法，輕鬆愉快高分法的步驟

1. 全班同學都是你學習的指標，恭喜你。
2. 倒數第二名的同學，通常你只要偷偷的用功，就會贏過他。
3. 如果，幸運的和全班第一名成為好朋友，那麼你的成績一定會進步很快。
4. 如果，第一名願意教你功課，那麼你應該好好對待這個朋友。
5. 先贏過倒數第二名再說。
6. 把進步歸功給教你的同學。
7. 脫離倒數第一名感覺其實是很好的。

記住：實力是你考試的能力、智慧是你的想法、速度是你精熟課業的程度、策略是你讀書的技巧、方法是你讀書的步驟。

最後一名守則

1. 要記住不要老是做最後一名。
2. 全班只有你沒有退步的機會。
3. 如果可以超越任何一個人就是進步。
4. 想想看！有哪些方法可以讓自己進步。
5. 雖然最後一名也要笑臉迎人。
6. 想辦法和全班前五名的同學成為好朋友。
7. 最後一名並不可恥，可恥的是你並不在乎的心理。
8. 加油！加油！加油！

筆 記 欄

名人經驗：前美國總統 華盛頓／既然你是無知，就不要慚愧學習。

076 考得比你好是我最大的快樂

別人再多的掌聲，都抵不過真正來自內心的喜悅。

「你不是說你最怕數學，為什麼這次數學你竟然考了90分？你根本就在騙人。」

「我哪有啊？是剛好我都有讀到而已。而且，我真的很怕數學。」

「可是，我都不會算的題目你竟然都會。」

「沒有啦！我也才拿90分而已啊！」

這是很自然的現象，不要相信別人贏你是因為運氣，因為運氣是公平的，只有你，因為相信他不如你而忽略掉自己的成績，那才是真的。因為考得比你好是他最大的快樂，贏過你也是他最大的快樂。所以，你要學習他的方法，因為他正在使用自我鼓勵增強法。

自我鼓勵增強法的運用步驟

自我鼓勵策略

1. 將自己的優缺點用文字寫下來。
2. 想想看哪些缺點是可以改變的。
3. 可以改變的缺點要透過各種方法修改或調整。
4. 告訴自己「我今天表現得很棒」。
5. 告訴自己「我明天也要表現得很棒」。
6. 告訴自己「我可以表現得很好」。

名人經驗‧義大利 伽利略／昨天的不可能將變成今天的可能。

建議學習自信心的公式

1. 給自己一個成功的經驗（或機會）。
2. 提供自己感應式的經驗，觀察自己的表現和結果。
3. 提供他人感應式的經驗，觀察別人的表現和結果。
4. 自我鼓勵：給自己的努力一個來自內心的掌聲。
5. 自我放鬆：不要經常唉聲嘆氣，他只會增加自己失敗的經驗。
6. 自我對話：做好準備、踏出努力的第一步，累積成功的經驗，建立學習的自信心。

學習高手的建議

1. 成功者自己給自己掌聲，失敗者等待他人的掌聲。
2. 成功者自己給自己鼓勵，失敗者等待他人的鼓勵。
3. 成功者自己給自己鞭策，失敗者等待他人的鞭策。
4. 成功者自己給自己計畫，失敗者等待他人的計畫。
5. 成功者自己給自己提醒，失敗者等待他人的提醒。
6. 成功者自己給自己壓力，失敗者等待他人的壓力。

> 名人經驗・斯賓諾莎／研究是開啟學問金庫的鑰匙。

077 中間的你很快就沉淪

瞭解自己的學習方法，才能找出最好的學習策略。

「上次，你不是各科都有70分，這一次怎麼退步這麼多啊？」
「不知道啊！我自己也嚇一跳。」
「小心一點，否則就成為後段班了。」
「好恐怖，這一次差一點就退步到第二十名了，好險，平時英文還不錯，否則這下子就要倒數了。」

你有沒有這樣的經驗，平時總也保持在十五名以內，有時雖有失誤，但也不會落到二十名以後。但是，總是漸漸地開始在名次上退後，漸漸地對讀書失去興趣，不知道該怎麼做才好，想努力又提不起勁來。這是因為別人找到對的學習方法與策略，開始運用後，你自然而然開始比不過別人，甚至，漸漸的想放棄自己。別擔心，開始定下心來，使用自我觀察記錄法來改善自己的學習。

名人經驗・激勵大師 馬爾騰／思想正確，一生不敗。

自我觀察記錄法的步驟

關鍵字筆記法

1. **左腦式關鍵字筆記法**：在一般的筆記簿的左側寫下關鍵字。
2. **檢查關鍵字的方法**：將筆記簿中的關鍵字遮起來，猜猜看右邊寫些什麼。如果可以正確的講出來，代表筆記的學習策略是正確的；將右邊的文字遮起來，猜猜看左邊的關鍵字是什麼，如果正確猜出來的話，也代表策略的運用是對的。
3. **圖像記憶術的運用**：將筆記簿中的重要概念，透過圖像方式呈現出來（例如，用簡單的圖表示概念）。如果可以將各種重要概念，轉化成為簡單的圖像，代表讀者已經將重要概念，記在腦海中成為長期記憶。
4. **心智繪圖法的運用**：心智繪圖法的主要概念，在於將所學習的各種概念，透過圖形或圖表方式，將心智繪圖畫出來。此種策略的運用，有助於學習者將學習概念內化成為自己的記憶。

學習高手的方法

1. 透過自我觀察記錄，將自己的學習情形記錄下來。
2. 以國中地理為例，書房中至少要有世界地圖、中國地圖和台灣地圖。在地圖上標示，哪些省份、哪些地方、哪些國家，已經學習並且熟悉了。
3. 每天要簡單地記錄自己讀過哪一科、哪一個單元。
4. 對於不熟的科目和單元，要多用些時間複習。
5. 不會的概念或單元，必須運用抄抄寫寫的方式反覆學習。
6. 將考試卷的答案遮起來，練習看看是否已經全部都會。
7. 利用反覆校對方式，瞭解自己在該單元的學習程度。
8. 考古題可以協助自己瞭解準備的情形。

　　試試看，這些方法來改善自己目前的學習障礙，如果還是沒有進步，主動去找老師談談，甚至開口向第一名的學生求援，別擔心別人看不起你，只要擔心你目前的學習狀況就好了，相信很快地就又會回到以前的水準成績。

名人經驗‧法國 孟德斯鳩／我自己能做的事絕不假手他人。

078 他的驕傲來自你的自卑

可以看到未來好的學習結果，才願意犧牲玩樂時間苦讀。

名人經驗‧天文學創始人 哥白尼／勇於探索真理。

「他幹嘛這麼驕傲，我只不過問他一下數學怎麼解而已。」
「別說了，全班只有他會解這一題啊！」
「有什麼了不起的，只不過運氣好。」
「別說了，他會聽到的。」
「聽到就聽到，我才不怕他呢！」

對，你才不會怕他，因為你忌妒他。因為你知道他不是因為運氣好才會解那一題數學，而是因為他有實力。你知道他是真的會，而你想跟他一樣而已。不要否定自己內心想跟他一樣的心理，這麼做只是義氣用事罷了。想想看，如果你是他，你是不是也想跟他一樣「跩」？所以，心平氣和的跟自己和解吧！試試看他所使用的學習成就運用法，來幫助自己跟他一樣「跩」。

學習成就運用法步驟

解析學習現象

1. 看電視的效果永遠比讀書的效果好。
2. 成就感可以讓一個人願意花時間讀書。
3. 進步、受到賞識對學習有正面的效果。
4. 學校師長的鼓勵對學習者具有積極的意義。
5. 家人的鼓勵對自己的學習有正面的效果。
6. 最好的鼓勵策略是自我欣賞、自我增強。
7. 瞭解動機和報酬之間的關係，有助於學習效果的提升。
8. 想要提高讀書的效果，最好的方法就是改變自己的方法。

學習成就感

1. 讀得越好，就越喜歡讀。
2. 考試卷上面滿意的分數，是未來繼續苦讀的維他命。
3. 讀書效果越好，學習成就越高。
4. 成就感是學生邁向目標的動力。
5. 農夫看到倉庫中滿滿的農收，就會願意計畫明年的耕種。
6. 考試成績好，代表用對學習方法。
7. 為自己畫一張動機和報酬圖表，瞭解自己的學習成就感。
8. 記錄各科讀書的時間和考試成績，就會瞭解學習成就感的意義。

獲得成就感的訣竅

1. 想想看自己的學習目標在哪裡。
2. 為自己定一個具體可行的學習目標。例如，英文段考要進步5分。
3. 想想看英文段考要進步5分可以用哪些方法達到目標。例如，每天多讀10分鐘的英文。
4. 提供自己達到目標成功的機會。例如，將英文課文中重要句子多抄寫幾遍。
5. 讓自己的學習狀況有更多的控制權。例如，時間管理方面多一些時間來學習英文。
6. 為自己提供立即性的成就感。例如，多作一些英文立即性的練習和應用題。
7. 在完成學習之後，立即進行校正與回饋。
8. 透過學習提高自己的學習成就感。

名人經驗．法國　笛卡兒／我思故我在。

學習典範的建議

1. 將自己在各科的學習成績列一個表格出來。
2. 在每一科的成績旁邊加註閱讀（或複習）使用的時間。
3. 瞭解自己的使用閱讀時間和考試成績的關係。
4. 如果閱讀時間少，考試成績高，代表自己的學習效率高。
5. 如果閱讀時間多，考試成績低，代表自己的學習效率低。
6. 想一想有哪些方法可以提高自己的學習效率。
7. 請教學校師長（或家人）和班上的學習高手，請他們提供好的學習方法。
8. 改變自己的學習方法，並且試試看哪一種方法對自己的學習效果好。

專家的建議

1. 如果英文不好的話，要從簡單英文開始讀起。
2. 如果數學不好的話，要從克難題開始計算起。
3. 如果史地不好的話，要從台灣地理和台灣歷史先讀起。
4. 如果理化不好的話，要從簡單概念先學習起。
5. 如果作文不好的話，要從典範文章先閱讀起。

079 別相信你贏不了他

學習密碼

瞭解學習停滯的原因，才能對症下藥找出有效的學習方法。

「為什麼我老是考第二名，他就是有辦法贏過我，真的好生氣。」
「就是啊！又贏的不多，可是每一次就是有辦法贏過你。」
「我已經這麼拚命了，為什麼就是沒辦法考到第一名，真的好氣。」
「你不會想他消失吧！」

想要在學習方面，有好的成就，最好的方法是向成功者學習。學習他們的方法、策略和做法，將這些優質的方法技巧，反覆地練習，多次地運用，才能在學習方面超越他們，贏過他們。

名人經驗‧美國第三任總統 傑佛遜／執法重於立法。

學習停滯破除法步驟

生理因素的學習困難與對策

學習困難的成因	有效因應對策
1. 身體疾病	1. 適當的治療
2. 視力不佳	2. 調整座位、視力矯治
3. 體力不佳	3. 調整並培養適當的作息
4. 生理障礙	4. 實施補救學習策略
5. 表達能力欠缺	5. 提供表達能力訓練
6. 感覺器官障礙	6. 專業診斷與治療
7. 體弱多病	7. 適當保健與體適能訓練
8. 缺席過多	8. 補救學習策略

心理因素的學習困難與對策

學習困難的成因
1. 學習興趣低落
2. 沈迷與學習無關事物
3. 缺乏學習動機
4. 缺乏自信心
5. 缺乏自我控制力
6. 學習上的焦慮
7. 情緒困擾
8. 學習壓力過大
9. 學習速度緩慢

有效因應對策
1. 瞭解學習挫折來源
2. 適當的時間管理
3. 提升學習動機策略
4. 練習成功的機會
5. 運用自我增強
6. 找出焦慮的原因
7. 尋求專業協助
8. 壓力調適
9. 尋求有效策略

環境因素的學習困難與對策

學習困難的成因
1. 同儕關係不佳
2. 學習環境不佳
3. 學習時間分配不當
4. 缺乏學習指導對象
5. 學科內容過難
6. 師生關係不佳
7. 行為影響學習
8. 學習效果不佳

有效因應對策
1. 改善同儕關係
2. 改善自己的讀書環境
3. 學習做好時間管理
4. 尋求同儕學習輔導
5. 先簡單後複雜的學習順序
6. 找出問題並尋求家人協助
7. 改善學習行為
8. 向班上學習典範請教

內在因素的學習困難與對策

學習困難的成因
1. 智力因素
2. 注意力無法集中
3. 新舊經驗連結困難
4. 學習方法與策略不當
5. 學習挫折過大
6. 疏於練習
7. 習得挫折感
8. 班級學習氣氛不佳
9. 缺乏鼓勵與增強
10. 學習障礙

有效因應對策
1. 多花時間學習
2. 集中注意力的方法
3. 先學習舊經驗後學新概念
4. 運用有效的學習方法
5. 降低自己的學習標準
6. 增加練習機會
7. 放寬標準
8. 培養單獨學習的習慣
9. 自我增強與鼓勵
10. 排除各種學習障礙

專家的建議

1. 瞭解自己的學習困難成因，擬定改善策略才能提高學習效果。
2. 如果學習環境不佳，就要改變自己的學習環境。
3. 書房的讀書氣氛不佳，要想辦法改善並且專心學習。
4. 學習過程中要改變可以改變的，接受無法改變的。
5. 當環境無法改變時，就要改變自己的心境。
6. 想要讀書的人，到哪裡都會想讀書；不想讀書的人，到哪裡都不會想讀書。
7. 學得好就會想要學習，學習成績好就會想要學習。
8. 主動找尋學習的興趣，在學習上就會變得比較積極。

> 名人經驗‧《唐璜》 拜倫／在太陽之下沒有新東西。

080 成績是你最忠實的好朋友

學習要有效果，考試才會有好成果。

「林聰明，二十分。」
「吳智慧，二十五分。」
「柯滿芬，三十分。」
「你們這些學生，名字叫聰明、智慧、滿芬的，怎麼都考這種成績，真讓老師感到失望。」

的確！取一個好名字不代表有好成績，因為成績是你最忠實的好朋友，是你最現實的好同學，更是一個大嘴巴的告密者。二十分就是二十分，不會因為你叫聰明就多一分，三十分就三十分，不會因為你叫滿芬就變零分。所以，你一定回到本位，重新學習如何讀書。使用有效學習關鍵法吧！

有效學習關鍵法步驟

有效果

1. **跟上老師教學進度**
   老師教15個生字就要想辦法學會這15個生字。
2. **跟上課本的內容**
   課本已經翻到第15頁，你還在課堂打瞌睡，口水只流到第5頁，就樣就落伍了。
3. **跟上學習的進度**
   已經在學開根號，千萬不能停在加、減、乘、除，這樣就LOW了。

名人經驗・法國 鳩佛羅／成功並非重要的事，重要的是努力。

有效率

1. 一個小時只可以記住15個生字,那麼就要想辦法提高到20個生字才行。
2. 剛開始只能在一小時內算5道數學題,那就要想辦法提高到10題才行。
3. 學習效率 = 有效學習時間 / 實際學習時間。你如果可以用最少的時間,代表自己學習效率就越高。

有效益

跟上學習進度並能提高自我能力,超越學校教的進度,就是有效益。

記住:先從最基礎的學習開始,不要想今天學了明天就會,更別想要一步登天。有唸書就會考好成績,這是很公平的,跟你叫什麼名字沒關係,跟你出身於什麼家庭也沒有關係,更與你的父母親沒有關係。腳踏實地認真學習才是真正的讀書高手。

> 名人經驗・英國首相 狄斯累利/成功的秘訣在於隨時把握時機。

筆 記 欄

9

學習方法補充篇

　　學習的方法,除了前面幾篇依據需求所提供的方法之外,實際上,還有很多的學習方法可以參考。

　　拿出課本,從第一頁開始看的方法是多數學生最常使用的。但是,往往看不到第三頁就想打動玩或是與朋友聊天,根本就坐不住。還有,有時候根本看到書本就想睡覺,一點也不想讀書。讀書真的是一件苦差事。可是,如果有好好的讀書,感覺到未來好像沒有希望。

　　因此,這一篇要再提供十種不同的學習方法與策略作為補充。希望在學習的路上,因為這些方法與策略,可以幫助你在學業成績上取得自信與成就。

081 學習生活－擴展學習視野法

名人經驗‧古希臘哲學家 柏拉圖／成功的唯一秘訣：堅持最後一分鐘。

學習密碼

只有熟讀教科書無法擴展視野，但想要擴展視野一定要熟讀教科書。

教科書是學習最基本的教材，先將課本內的知識熟記並且加以運用，才會有好的學習效果。如同鳥要飛之前，一定要先熟悉各種跳躍的方式。

解讀學習困難

課本中的知識是最基本的，在讀書的時候，要先將課本中的概念熟讀，接下來將課本中所舉的例子熟讀，才能收到舉一反三的效果。本書中所舉出的，是在學校中最常出現的現象。讀書要能舉一反三，將教科書熟讀之後，也要加以活用才能收到好的效果。

擴展學習視野的關鍵

1. 為自己定一個具體學習的目標，內容包括要學到哪些概念？用多少時間？運用哪些方法？例如，一個月想要學會150個英文單字，一天就要記5個單字，記5個單字要花10分鐘時間等。
2. 想想看自己可以從班上的學習高手身上，學到哪些可用的策略？有效的方法？每一週將這些從學習高手身上學到的方法，記錄下來並且試試看效果如何。
3. 學習者的識字、閱讀、語言是最基本的學習能力。因此，學習者可以加強自己和師長、同學講話的機會。透過和他人交談可以培養各種學習能力。
4. 學習對話是一個有效的學習策略，因此在學習過程中，要善用「對話」、「提問」、「分享」、「解釋」觀點方式，加強學習視野。
5. 「站多高，就會看多遠」，「學習視野有多高，學習效果就會有多好」。想要自己的學習視野高，就要有勇氣挑戰高難度的學習，培養複雜的思維能力。

有效擴展學習視野的方法

1. 設計需要完成的學習任務（例如，一學期要學會100個英文單字）。
2. 一星期想一個有創造性的活動。
3. 計算看看你的學習時間和學習成績是不是成正比或成反比。
4. 面對比較困難的概念，多想想用哪些方法可以解決。
5. 練習運用「示範」、「引用」、「複述」、「澄清」、「提問」、「表揚」、「分享」方法。
6. 將自己學會的概念，用文字寫下來。
7. 對自己的學習確立挑戰性的學習目標（例如，一週內要解出二元二次方程式）。
8. 將自己所學的概念，運用在家庭生活中（例如，學習用統計表將自己一週所花的錢記錄下來）。
9. 鼓勵自己多看英文期刊、雜誌或報紙（例如，讀者文摘英文版）。
10. 定期和學習高手分享自己的學習心得。

專家的建議

1. 為自己的學習奠定良好的基礎，這些是自己一輩子都要用的能力。
2. 想要跟得上時代，就要每天持續性的學習。
3. 日本人不分男女老幼、年輕年老，隨時隨地都在讀書。因為，他們知道讀書的重要性。
4. 「讀書」和「考試」是每一個家庭都可以擁有的機會。所以要善用這二個屬於自己的機會。
5. 每一個人一生中，都需要透過學習解決生活上的各種問題。
6. 透過「學習」可以為自己的未來紮根。

> 名人經驗‧學者 梁啟超／腦力高下不在記憶，而在分析歸納。

082 學習時間－自我管理學習法

名人經驗・教授 林進材／腦的真正功用在於思考，不在於記憶。

學習密碼

學習上最大的敵人是自己，自己也是學習成功的絆腳石。

懂得自我管理控制的人，才會有高的成就表現。自我管理的意義是自己為自己設定努力的目標，自己管理好自己的學習、自己的努力等。

自我效能理論

「自我效能理論」是從Bandura的「社會學習理論」而發展出的，其涵義是指個人確信自己在特定的環境中，能夠執行達成某種任務，這個過程中的行為感覺所產生結果的期待。也就是對於事務的成功經驗，產生個人本身的能力的自我信心的感受度。例如，想要提高自己的學習效果，就要瞭解自己的學習狀況，隨時提昇自己的學習效能。

學習自我管理觀念

1. 學會自己設定學習的目標。
2. 在學習過程中，學習者的態度對學習效果的影響最大。
3. 自我管理是達到學習高效能的最好策略。
4. 自我觀察是強化學習的好方法。
5. 透過自我評估才能瞭解自己在學習方面的優缺點。
6. 自我強化的運用才能加強學習效果。

自我管理的層面

1. **做好時間管理**
   時間管理是影響學習成效的重要關鍵因素，學習者要瞭解多少時間可以做多少事的問題，在可以運用的時間作對的事情。

2. **做好情緒管理**
   情緒管理間接影響學習成果，如果在情緒管理方面作得不好，就會因為情緒不佳而影響學習成效。

3. **做好學習管理**
   瞭解自己的學習方法，知道學習資源的尋找、學習方法的運用、設定學習目標、安排學習時間等，才能提高自己的學習成果。

4. **做好健康管理**
   適當的運動有助於強化身心狀況，進而提高學習的效率。在學習過程中，要為自己安排適當的運動時間、方式，以強化身體健康。

5. **做好作息管理**
   固定的作息安排，才能以計畫性、系統性的學習，提昇自己的學習成果。作息安排不佳，就容易影響身體健康，導致學習成果不好的現象。

學習高手的管理法

1. 不要在原地踏步，否則別人進步了，自己仍在原點。
2. 為自己的學習擬定一個具體可行的目標，按部就班慢慢完成目標。
3. 有遠大的目標也要有縝密的計畫，才能將理想落實。
4. 做好自我管理工作，才能將自己的理想和計畫落實。
5. 做好時間管理的高手，不要成為被時間折磨的失敗者。
6. 養成「今日事今日畢」的習慣。

名人經驗・歌手 蘇有朋／掌握各種考試出題的要訣。

083 學習要領－精算讀書報酬法

讀書是天底下最無趣的事,但是卻是報酬最高的投資。

上帝給每一個人的禮物,包括一天有24小時,只要用功就會有好成績,參加各種考試就會有金榜題名的機會等。透過讀書可以提高你的社會地位、生活品質,也可以提高自己在別人心目中的地位。

名人經驗‧台灣總統 馬英九／上課勤做筆記,回家立刻複習。

成功者的座右銘

1. 讀書和考試是任何人都擁有的機會。
2. 讀書不僅僅可以增加知識,更重要的是可以讓你心想事成。
3. 參加考試可以提高自己的地位,也可以提高家裡的收入。
4. 未經努力就放棄,是一件相當可恥的事。
5. 天才是一分天賦,九十九分後天的努力。

努力的定義

1. 任何人都可以擁有的技巧和方法。
2. 沒有經過努力的成功,一定不會持久的。
3. 透過努力每個人都有成功的機會。
4. 不同的人可以用不同的方法。
5. 上帝給每一個人的機會都一樣。
6. 先想一想最好的努力方法是哪些。
7. 試試看使用這些方法之後的結果如何。
8. 想一想自己的努力需要修正嗎。
9. 有沒有更好的努力方法。

讀書和不讀書的差別

1. 如果不讀書就會和滿江紅為伍，反之，就會是天天天藍。
2. 如果不讀書就需要和勞力為伍，反之，就會是天天如意。
3. 如果不讀書就會與壞榜樣為伍，反之，就會是良好榜樣。
4. 如果不讀書會與生活困苦為伍，反之，就會是高枕無憂。
5. 如果不讀書就與流浪街頭為伍，反之，就會是生活無憂。

讀書報酬率高

1. 讀書不像學音樂需要很高的學費。
2. 讀書不像學美容需要長時間的學徒生涯。
3. 讀書不像修汽車需要耐心和過人的體能。
4. 讀書不像當廚師需要長時間的觀察。
5. 讀書不像作雜役需要體能和耐力。

專家的建議

1. 讀書是天下所有人的機會，但是懂得掌握的人不多。
2. 考試是世上所有學生的機會，但是知道訣竅的人更少。
3. 在學校的生活中，讀書和考試占去大部分的時間。
4. 想要改變家中的現況，讀書和考試是可以掌握的機會。
5. 很多名人透過專心讀書，讓自己的未來充滿更多的機會和希望。
6. 每年公職考試及格的人，都經過長時間的讀書和考試。

名人經驗・前省長 宋楚瑜／講求規律生活，絕不熬夜讀書。

084 學習方法－分析成功失敗法

真正的學習高手瞭解「付出和成績」之間的關係。

付出不一定會成功，但是成功一定要努力付出。瞭解別人為什麼成功，也瞭解自己失敗的原因，才能在下一刻找到成功的機會。

名人經驗‧前監察院長 王作榮／不怕慢，只怕站。

高手的經驗

1. 有多少的努力，就會有多少的收穫。
2. 考試靠運氣的機會，不會一而再、再而三的出現。
3. 好成績都不是靠運氣而來。
4. 「機會」和「運氣」都必須靠學習者自己的努力才會成功。
5. 你拜的神只會在你成功時助你一臂之力，當你失敗時只會靜靜聽你祈禱。
6. 你拿手的科目，就要好好掌握拿高分的機會。
7. 比較不拿手的科目，就要用時間換取好成績。
8. 沒有事前的努力，就不會有事後的好成績。

十個學習成功的關鍵

1. 有計畫性的讀書。
2. 有系統性的學習。
3. 上課專心的聽講。
4. 下課整理好筆記。
5. 自動自發的學習。
6. 做好時間的管理。
7. 能檢討反省失敗。
8. 不常常怨天尤人。
9. 向考試典範學習。
10. 虛心向同學學習。

十個學習失敗的關鍵

1. 缺乏計畫性讀書。
2. 將玩樂視為正常。
3. 上課常心有旁物。
4. 沒有做筆記習慣。
5. 時間的管理不佳。
6. 缺乏反省的勇氣。
7. 不願向他人學習。
8. 經常性埋怨別人。
9. 沒有讀書的習慣。
10. 生活上缺乏目標。

專家的建議

1. 改變學習方式，才能改變學習的成果。
2. 遺忘曲線圖的概念指出，一個概念的學習如果百分之百專心，沒有反覆記憶的話，一個星期就會忘掉。
3. 將自己在學習上的付出記下來，包括花多少時間讀書，花多少心力作筆記，犧牲多少玩樂時間等，再和考試成績高低做比較。
4. 聰明的學習者，會瞭解「付出和成績」之間的關係是成正比的。付出多，成績就會高，付出少，成績就會低。
5. 樂觀的學習者瞭解好的事件的原因是永久性的，壞的事件原因是暫時性的。
6. 培養自己在學習方面的樂觀信念，告訴自己只要努力成績就會好。
7. 學習將失敗的責任往身上攬，並且檢討失敗的原因。
8. 經常被責罵的人，一定在學習上出現問題。想要降低被責罵的現象，就要檢討學習上的問題。

名人經驗‧前總統 李登輝／「跳躍式思考法」在起點就看終點，先知先覺。

085 學習典範－典範學習策略法

將典範人物的學習策略，轉化成為自己有用的方法。

名人經驗・監察院長 王建煊／讀書三部曲，考試無往不利。

過來人的經驗

1. 花了很多的時間學習，可是成果和努力卻不成正比。
2. 每一次考試前拼了命的讀書，卻沒有讀到重點。
3. 明知道考試這一題一定會出來，拿到考卷發現真的出來，卻還是不會寫。
4. 班上成績很好的同學，面對考試總是笑嘻嘻的，我卻經常一副愁眉苦臉的樣子。
5. 想要取代班上名列前茅的同學，卻無計可施苦無辦法。
6. 課本上的重點都劃了，回家之後也反覆練習了，考試時卻還是拿不到好的成績。
7. 想知道如何輕鬆讀書效果好，翻遍所有的參考書，卻找不出好的方法。
8. 想要知道班上的學習典範，腦袋裡裝些什麼，卻難以開口。

學習典範的策略

1. 瞭解自己在學習上的優點和缺點，善用優點改進缺點。
2. 熟悉各種學習方法的運用，但是挑選最適合自己的方法。
3. 準備考試的重點應該放在單元學習的「量」上面。
4. 學習進行時，先讀「會的」再讀「不會的」，先讀「簡單的」再讀「難的」。
5. 拿到考試卷時，先寫「會的」再寫「不會的」，先寫「容易的」再寫「困難的」。
6. 考試前將該單元的考古題，反覆練習並且熟練。
7. 利用時間將書本的重點，整理成小抄並且隨時攜帶。
8. 考試前不熬夜、不亂吃、不慌亂，熬夜是考試的殺手。
9. 練習作考古題的時候，每一次以10道題目為記憶的基準。
10. 將每一科複習的最好方法記錄下來，並且成為自己的學習習慣。

專家的建議

1. 想要擁有好的學習成果，最好的方法，是找一個在學習上表現傑出的人，瞭解他們的想法、言語、行動和感情，並且請他們分享學習方法和策略。
2. 想一想學習典範的作法，對自己的學習是不是有正面的幫助。避免將別人的方法硬套在自己的身上，那只會適得其反。
3. 並不是每一個成功的個案，都適合用在我們自己的身上。例如，將陽明山的杜鵑花移植到墾丁，最後會導致杜鵑花枯萎的下場。
4. 學習要有好的成績，主要的訣竅在於「準備的功夫」，「有備而來」比「臨時抱佛腳」的效果好。
5. 良好的學習成果＝長期的努力＋正確的方法＋心理的調適＋考試的技巧
6. 想要在學習方面取得好的成績，就必須為自己擬定一特完整的讀書計畫。讀書計畫內容要包括時間的安排、讀書方法的運用、讀書進度的規劃，以及下定決心的勇氣。
7. 如果你是屬於健忘型的學生，就應該要將重點多抄寫幾遍。
8. 讀書的時候，記得善用「讀、寫、聽、說、想、講、看」的方法。

學習秘訣

1. 用對的學習方法，比花大把的時間讀書效果好。
2. 將學習時間分配好，才能在對的時間讀對的書。
3. 上課時記得將老師講的重點劃下來，並且記在筆記簿上。
4. 考試前要有計畫性的讀書，臨時抱佛腳是不會有效果的。
5. 拿到考試卷記得先深呼吸，讓自己放鬆。
6. 考試時記得先寫會的，再寫不會的部分。
7. 學習時要先掌握簡單的，再深入學習困難的。
8. 先讓自己有成就感，再求良好的學習成績。
9. 先求學習上的進步，再求考試成績的進步。

名人經驗・前行政院長 孫運璿／在頭腦清醒的狀況下唸書。

086 學習訣竅－高低落差分析法

雖然計畫永遠趕不上變化,但是掌握計畫就可以掌握變化。

名人經驗・前海基會董事長 辜振甫／服膺「學思相長」的信念。

高低落差分析法的意義

一個好的學習者,要對自己的學習成果有深入的瞭解。知道自己在學科學習上的情形,哪一個學科是自己擅長的科目,哪一個學科是經常會讓自己為難的科目。高低落差分析法,主要的意義在於運用低分逐漸成長增加的方式,讓自己達到理想的學習成效。

讓自己分數提高的創意點子

1. 每天進步一小點,一個星期就可以進步一大點。
2. 每天進步2分,一星期就可以進步14分。
3. 每天讓自己往前進一小步,一段時間之後就可以進一大步。
4. 強調自己的優勢讓自己維持在不退步的情形下,其實也是一種進步。
5. 維持目前的程度,可以避免不必要的退步。
6. 如果無從選擇的話,一定要花時間在自己有把握的重點上面。
7. 拿到考試卷時,一定要先寫會的題目,先將分數拿起來。
8. 擬定一個可以讓自己進步的計畫,並且堅持計畫一定要落實。

186 國中生學習方法的第一本書

高低落差學習計畫

1. 確定自己的學習目標,並且將目標具體地寫出來。例如,月考平均要達到80分。
2. 將上次月考的成績表畫出來,內容包括每一科的分數,以及平均分數。
3. 算算看如果下次月考要平均80分的話,每一科要考幾分、進步幾分才可以達到目標。
4. 高低落差學習計畫,內容要包括學習目標、學習時間、休息時間、休閒時間。
5. 想一想有哪些方法和策略,可以讓自己達到學習目標。
6. 將計畫時程名確定出來,例如,計算時間要一個月、一學期、一學年?
7. 安排自己規律閱讀的時間和自由學習時間。前者指的是因為學科複習一定要讀書的時間,後者指的是比較彈性可以運用的學習時間。
8. 依據自己的程度和學習成效,擬定一個可行的方案。記住,不要過於好高騖遠,給自己一個遙不可及的目標。

專家的建議

1. 想要在學科考試上擁有好的成績,要記得做好基礎閱讀的工作。
2. 任何科目的100分都是建立在從0分開始的努力上。
3. 不要一開始就朝滿分的目標看,要先從及格分數努力起。
4. 一開始是「滿腔熱血」的計畫者,最後就會成為「落荒而逃」的失敗者。
5. 每個人都要瞭解,學習時間是有限的,自己的體力也是有限的。
6. 瞭解自己的缺點和極限,才能給自己一個可行的計畫。
7. 如果你羨慕經常考滿分的同學,一定要記得先請教他們是如何努力的。
8. 每一個計畫執行到一個階段之後,就要記得依據實際情形而修改計畫。

> 名人經驗:前總統府國策顧問 王昭明/求博求精,不貪多。

087 學科學習－掌握學科特性法

學科重點的掌握是學習高手致勝的關鍵。

名人經驗‧前副總統 連戰／唸書時拼命唸書，玩樂時拼命玩樂。

學科的關鍵重點

1. **掌握學習目標**
   學習目標的內容，會指出該學科的重點有哪些？上完該學科之後，學生要學到哪些目標？

2. **教師上課的重點**
   教師上課的重點，通常就是該學科的重點，也是未來學科考試的重點。

3. **實驗操作的重點**
   上課中進行的實驗操作，或是做過實驗的內容，通常是和日常生活有重要關聯性者，大部分都是學習的重點。

4. **課本有標示的重點**
   一般的課本都會將重點，用各種粗體字或黑體字的方式標示出來，在閱讀時要特別注意有標示的重點。

5. **課本的本章回顧**
   課本中的本章回顧部分，都是經過整理的重點，閱讀時要特別花時間在本章回顧的重點上面。

6. **學習內容重點整理**
   複習單元時要先將重點整理出來，並且配合筆記的內容，提醒自己單元的重點和未來複習的重點。

7. **過去的考古題**
   不管任何老師命題，其實重點大都一樣，因此要熟讀考古題，才能在未來的考試中，得到好的成績。

8. **最近發生的社會事件**

   很多重要的考試,都會和社會發生的大事相結合。因此,在學習過程中,要隨時關心國家社會大事。

9. **同儕之間的討論**

   準備考試最好的方式是和同學一起準備,以同心協力的方式準備考試。大家將自己的重點整理出來,和同學相互討論。

10. **師生之間的討論議題**

    對於學習的重要概念,如果有不理解的地方,要隨時和任課教師討論。因為,老師都瞭解各科目的重點,可以為自己節省相當多的閱讀時間。

名人經驗・前教育部長 郭為藩／讀書好比蓋房子。

學習高手的建議

1. 掌握重點是學習高手必備的能力。
2. 要能一眼看出重點在哪裡,最好的方法是不斷地閱讀過去的考古題。
3. 考試過的題目一定要瞭解,透過理解將這些重點記在腦海中。
4. 多讀幾遍就可以辨別哪些是重點,哪些是多餘的不必花太多的時間。
5. 不管怎麼忙都要關心國內外大事,因為很多考試都會和國內外大事結合。
6. 想想看如果你是命題老師,你會考哪些重點?
7. 掌握考古題的命題出處,就可以掌握該學科的重點部分。
8. 如果你認為課本中全部都是重點的話,就是你無法掌握重點。

專家的建議

1. 一般考試不好的學生,多半是無法掌握重點的學生。
2. 如果花了一段時間還是無法掌握重點,就要請教班上成績好的同學。
3. 向老師請教讀書重點的掌握方法,可以減少不必要的浪費時間。
4. 將考古題的題目和課本作對照,畫出考古題來,就會瞭解課本的重點如何掌握。
5. 將重要考試的考古題瀏覽幾遍,配合學科學習時間,可以收到想像不到的效果。
6. 觀察歷年來的考試題目,就可以瞭解考試的規則、命題的方向、注重的能力、出題的線索。
7. 將考古題熟練之後,就不用害怕未來的考試會刁難自己。
8. 運用考古題可以診斷自己的讀書方向是否錯誤,並且可以安排適合自己的讀書方法。

088 語文學習－語文學科學習法

語文的學習需要掌握學科的重點和學科的結構。

♥ 溫馨的叮嚀
讀國文可以像寫情書，讓自己的文學涵養越來越好。

名人經驗‧前總統 蔣經國／以領悟學理，應用實行為目標。

國文的學習要領
1. 每天寫日記時，將今天的國文課本名詞寫下來。
2. 將國文課本中重要的成語標示出來。
3. 國文課本中的名詞要多看幾遍。
4. 不容易背起來的生字，要記得多寫幾遍，並且找機會練習。
5. 中文可以望文生義，英文無法望文生義。
6. 如果讀國文感到無聊，可以將課本中的重要名詞多寫幾遍。

寫情書式的學習
1. 國中時代的情書可以將國文內容運用上，讓對方瞭解自己的努力情形。
2. 可以利用自己的零用錢買幾本情書模擬練習。
3. 想想看怎樣將優美的詞句運用在生活中。
4. 參考書中的練習題，一定要記得隨著教師的進度做練習。
5. 養成閱讀報紙的習慣，尤其是報紙中的社論。
6. 將報紙中的社論蒐集整理，並且將重要的名詞標示出來。

思考是語文的基礎
　　想要學好語文，最好的方式是先瞭解語文學科的性質是什麼，語文科的學習內涵包括哪些，然後才思考如何學習語文的問題。

語文學科的性質

1. 語文的學習應該是自然的。
2. 語文的學習要和生活中的事件結合起來，學習的效果才會好。
3. 語文的學習應該要重視過程，而不是重視結果。
4. 語文的學習要奠定在大量的閱讀上面。
5. 文學是語文學習的重要媒介。

語文高手的學習關鍵

1. 善用「聽」的能力：聽聽看語文老師的講解，以及對語文的喜歡程度。
2. 善用「讀」的能力：當語文科的學習學會新的生字時，就要利用時間多讀幾遍。
3. 善用「用」的能力：語文的學習重點在於運用，將所學到的語文詞彙，運用在日常生活中。例如，寫在日記裡、寫在信件中。
4. 善用「寫」的能力：想要將優美的語文成為自己的一部分，就要將各種優美詞句，經常性的使用。

名人經驗・知名ＤＪ廣播人 游強／興趣做前導，學習為馬力。

089 數理學習－運用各種高分法

想要拿到高分，先建立自信心。

名人經驗・半導體教父　張忠謀／一分靈感，九分流汗。

高手的經驗

1. 平時就要養成讀書的習慣。
2. 在複習階段要特別努力。
3. 準備考試前要有刻苦耐勞的精神。
4. 避免因為過度緊張，而影響自己的實力。
5. 每一科的學習都要特別紮實。
6. 除了讀書也要培養其他的興趣。

考試高分的策略

1. 運用正確的學習方法。
2. 只要對自己學習有幫助的策略，都要試著用用看。
3. 練習很短時間就可以將課本的重點標示出來。
4. 選擇題的考試，通常是「從容易錯誤中的概念，找出正確的答案」。
5. 一般的出題老師，共同的心理是「是非題中，要選擇非的題目會比較多」。
6. 閱讀測驗的重點，通常是在「開頭」或「結尾」地方比較重要。
7. 在學習中如果遇到不會的「字」或「概念」，可以前後推敲。
8. 考試時選擇題的答案是平均分配的，例如20題中，答案ABCD會各占5題左右。
9. 考試時面對選擇題時，要先寫會的，不會寫的留待最後再處理。
10. 想要拿到高分，就要先建立學習上的自信心。

金牌學習手的私家菜

1. 想要學習成效好,就要先建立自信心。
2. 適當的緊張可以提高自己的成就。
3. 過度緊張對考試不會有幫助。
4. 要為自己的學習擬定一個周密的計畫。
5. 有了學習計畫,就要配個好的方法,就像吃稀飯要配好的醬瓜和肉絲一樣。
6. 讀書時最重要的工作,在於做好時間的分配。
7. 讀多少時間的書,就要有多少份量的成果。
8. 讀書時專注,遊戲時專精,上課時專心,下課時盡情。
9. 讀書時間一定要讀書,休息時間一定要休息。
10. 緊張容易讓一個人考試失常,失眠容易讓一個人考試洩氣。

名人經驗・前外交部長 簡又新/重視學習的次序。

專家的建議

1. 每一個人都要充分瞭解自己的學習能力,包括一分鐘可以寫多少字,一個小時可以記幾個概念。
2. 對於學習起來比較困難的概念,當然就需要花比較多的時間。
3. 數學的一分和地理的一分同等重要,如果自己的數學不好,記得從別的科目補回來。
4. 該拿的分數一定要拿,拿不到的分數,也要想辦法拿。
5. 考試經常用猜的同學,上帝不會每一次都給你好運的。
6. 好運通常會出現在積極努力的人身上。
7. 只要將學習的素材掌握好,任何千變萬化的題目都難不倒你。
8. 留給自己一些空間和時間,並將它使用在美好的事情上。

090 史地學習－史地相互關聯法

沒有關係、找關係；找到關係、製造關係；製造關係，學習就有關係；學習有關係，成績就不會有關係。

名人經驗‧前總統府國策顧問　蕭新煌／作讀書流程圖。

史地相互關聯法

一般而言，從學科特質分析，地理和歷史二科關係是相當密切的。學習地理，同時也要學習歷史。史地相互關連法的意義，在於透過地理和歷史不同年代、不同地點，所發生的事件，進行統整的學習。

史地相互關聯法的運用

1. 在學習地理、歷史時，可以將地理、歷史的相關訊息和資料，進行概念上的歸納，將有相同內容或相似的部分作學習上的整合。
2. 將歷史發生的先後順序，依據中國歷史和西洋歷史，以年代為準，畫一張「歷史系統圖。中間以西元為主，左邊記錄西洋歷史，右邊記錄中國歷史。將重要的人、事、時、地、物記錄下來。
3. 閱讀地理和歷史時，讀到哪裡標記到哪裡，地圖就看到哪裡，搭配地圖和年表，明確的瞭解重要的大事發生在哪一個地點？哪一個省分？哪一個都會？
4. 學習地理時，家裡最少要有地球儀、世界地圖、中國地圖、台灣地圖等工具。
5. 學習歷史時，要購買一張歷史系統圖，如果坊間沒有出版，可以考慮自己畫一張。複習歷史時，要邊閱讀邊看歷史系統圖，加深自己對歷史的印象。
6. 閱讀地理時，可以將該地區曾經發生哪些重要的大事，簡要地記錄下來；閱讀歷史時，可以將年代與關鍵人物標示出來，在哪一個地點發生。

194　國中生學習方法的第一本書

7. 將地理和歷史進行對照學習，可以擁有史地相互統整的完整知識，未來就不必擔心基測（或學測）時，命題教師出統整型的題目。
8. 練習畫地圖可以加深地理的印象，練習畫歷史系統圖可以增強對歷史的認知。練習畫史地相互關聯圖，可以加深二者的概念。

名人經驗：前監察院長 錢復／一小時看二十頁書並做心得摘要。

學習高手的建議

1. 練習快速畫地圖的技巧，並且隨時可以將世界地圖、中國地圖、台灣地圖畫出來。
2. 當你畫台灣地圖時，也要練習快速地將台灣各省所在地標出來。
3. 複習地理和歷史時，可以將課本的重點多讀幾遍之後，在地圖上將課本的重點在地圖上標示出來。
4. 真正的學習高手，是將課本的重點內化成為自己的腦中記憶。
5. 利用時間將歷史事件，用表格整理將重點整理出來。並且將相關的重點依據年代標示出來，這麼作，你就會瞭解科舉制度經過哪些朝代？哪些皇帝？哪些重要的改革。
6. 利用從書局買回來的地圖（或歷史系統圖），用自黏性貼紙將重要的部分遮起來，先閱讀課本之後再猜猜看，遮起來的重點是哪些。

專家的建議

1. 地理和歷史的學習，是所有學科中抽象概念較多的科目。
2. 想要將抽象概念轉化成為自己永久的記憶，是需要花相當的時間和方法的。
3. 利用地圖學地理，運用歷史系統圖記歷史，是最好的學習策略。
4. 地理的學習，一定要讀到哪裡，地圖就標示到哪裡。
5. 歷史的複習，一定要複習到哪裡，歷史系統圖就要標示到哪裡。
6. 把台灣地圖拿過來看一看，你就會瞭解要到大陸會經過台灣海峽。
7. 「太平洋沒蓋蓋子，想要到中國就要跳太平洋」的說法是不正確的。
8. 喜歡到台東、花蓮玩的人，一定會瞭解東部的蔚藍海岸，指的是「太平洋的風光」（看一下台灣地圖就會瞭解）。

筆 記 欄

10

成功路徑故事篇

　　成功路徑是你可以參考的方向。在你決定怎麼走之前，看看別人的奮鬥史，會有自己一番的解讀。希望提供你正確的方向及激勵的方法，讓你可以看得高，想得更遠。

091 當教授的成功故事

成功路徑：小學・國中・高中・大學・碩士班・博士班・講師（講師證）・助理教授（助理教授證照）・副教授（副教授證照）・教授（教授證照）

名人經驗・司法院院長 賴英照／每月、每週、每天都有讀書計畫。

「老弟，有機會趕快去讀書。現在空中大學很容易拿到學位，去補個學歷吧！」

「哥，你當小學老師，一個月才一萬多塊。現在我外商公司上班，一個月就有三萬塊，還週休二日，幹嘛要讀書。」

「弟，我打算這學期就要去補大學學歷了。」

「哥，好好的努力吧！」

二十年前，當小學老師的月薪一個月只有萬把塊錢，很多人覺得當小學老師沒有出息。但是，當哥哥的並沒有放棄自己的未來，總覺得可以拿到學位是對自己的人生的一種肯定。那一年拿到學歷時，作哥哥的又考上了師範大學的研究所。

「老弟，雖然現在你的薪水很高，可是去拿個學歷也是件好事，對你將來的工作一定會有幫助。」

「哥，你拿到了大學學歷薪水有增加嗎？沒有增加多少嘛！」

「弟，你不去讀書就算了。」

研究所畢業那一年，作哥哥的又努力考了三間師範大學的博士班。雖然並沒有每間都考上，但是，總算成為了博士生。這一次，哥哥沒有再和弟弟多說什麼，默

默地完成了學業。那已經是十年前的事情了，哥哥把握機會到大學教書。這一回，薪水倒是增加不少。

「弟，我現在在大學教書，你趕快來補學歷，我可以幫你。」

「哥，你努力了十年，薪水才加多少而已。我現在一個月也有四、五萬元，為什麼要去讀書，浪費那麼多時間。」

「弟，你要往遠處看，現在要拿學歷不難，趕快去讀，對你的將來一定有幫助。」

「哥，我看看好了。」

作哥哥勸不動弟弟，只好放棄了。但是，卻沒有放棄自己。又花了六年，一路從助理教授到現今的教授，哥哥總是認真的做學問。現在，成為國內知名的教授。月薪也從當年一個月一萬多元，一直到現今的月薪有十多萬元。

「弟，你現在還是可以去讀書，我可以幫你。」

「哥，我老了。現在小孩還小，我根本就沒有心力去讀書。」

「弟，想辦法完成學歷，到少先拿個碩士也好。」

「哥，算了吧！」

時間一年一年的流逝，弟弟這二十年來的薪水只增加了二萬元，但是哥哥的薪水卻是增加了十多倍。人生，從一開始就兄弟爬山，各自爬上自己的山頭。

名人經驗・前考試院院長　許水德／討論能激盪腦力。

092 當醫生的成功故事

成功路徑：小學→國中→高中→醫學院之醫學系→國家考試→醫院實習→醫生證照→住院醫生→總醫生→專科醫生考試→專科醫生證照→主治醫生

名人經驗‧前行政院秘書長 趙守博／充分利用通勤時間唸書。

「你哪嘸呷我去做醫生,你給別讀啊!(台語)」
「阿母啊!我實在嘸想去做。(台語)」
「我實在不知你在想什麼?做醫生有什麼嘸好?(台語)」
「阿母啊!」

實在弄不清楚母親除了想要自己當醫生之外,難道就沒有其他的工作可以做嗎?雖然,大家都很希望自己可以當醫生,可是,真的自己就是不想。

當然,在阿母的一哭二鬧三上吊的情況下,自己還是決定走醫學院這一條路。

醫學院的課業沈重,大家都很努力。每個人都有自己的想法和一套未來工作路徑,和高中時的同學們那種哥兒們的生活很不同。漸漸地,自己也愛上了這種積極而努力的生活步調。

「畢業後,你想選哪一科?」
「我想選婦產科,我覺得接生小孩好像很有希望。」
「你瘋了啊!『接生小孩好像很有希望』,你怎麼這麼笨,現在誰要生小孩啊!出生率已經破新低了。」
「不然,要走哪一科啊!」

> 名人經驗・前司法院院長 林洋港／從名人傳記學習讀書處世。

「當醫生就是為了要賺錢，不然作醫生幹嘛，閒閒沒事做啊！我們唸書唸得這麼辛苦，為的是什麼？一學期七、八萬的學費，我家都快要破產了。如果不賺錢的科別，我是不會選的。」

「可是，我……」

「你到底是來行醫濟世，還是來行醫賺錢的。不管如何，一定要先賺到錢才能行醫濟世。現在外面的醫生這麼多，競爭這麼激烈，如果沒有想清楚。就等著蓋健保卡了。而且，現在健保局這麼緊，我看不好做了。」

「你怎麼懂這麼多啊！」

「我沒有你聰明，我是立志要當醫生的。考了第三年我才考上醫學院的。可不像你，一副不想讀的樣子。多少人想當醫生都考不上醫學院啊！還有，一旦考上了，多少有錢人的女兒等著排隊要我們娶她們。好處多著。你啊！笨啊！你有錢了，想義診就義診，想捐錢就捐錢，可以用你的醫術幫很多人，也可以捐錢助人，有空閒時，想做什麼事也沒有經濟壓力。為什麼不認真去看待當醫生這件事呢！有多少人有你的金頭腦啊！你媽是對的，傻小子。」

仔細想想，他說得對。好好讀完醫學院，把證照拿到手，阿母也會開心，自己也可以找到自己另一片天空。這條路，可是康莊大道。

093 當律師的成功故事

成功路徑：小學‧國中‧高中‧大學法學系‧國家考試‧律師證照‧律師事務所

名人經驗‧前總統府資政 李鎮源／一點點小問題也不忽略。

十年寒窗無人問，一朝成名天下知。

當年就讀法律系為的就是替父母親報仇。

三十年前，父母親因為生意失敗，跳進別人所設下的陷阱，這一錯，父母親再也沒有回頭路。

「阿進啊！你要記得，一定要去讀法律，將來才不會被別人害啊！」

「爸、媽！你們不要走。」

「阿進啊！不是爸爸媽媽狠心，實在是不能帶你走。你要去投靠你舅舅，他會好好照顧你的。」

「媽，我不要。爸，你不要走。」

爸爸、媽媽出門後再也沒有回頭，就從他眼前消失。等他再見到父母親時，已經是二具冰冷的屍體。阿進看到雙親，沒有流下一滴淚。只是緊緊握著媽媽冰冷的手，在心裡告訴父母，一定會為你們復仇。

在舅舅家的這段日子裡，阿進總是不多話的生活著。雖然功課不錯，但總是多了一份哀愁。舅舅、舅媽不是不好，但畢竟沒有了爸媽的生活，在怎麼熱絡，也像是隔了一層紗。

考上法律系之後，雖然用功，但總是少了一份天賦，成績平平。畢業後，連續考了十年的律師證照，都沒有考上。舅舅和舅媽雖然沒有說什麼，但是自己也覺得不好意思。

「律師本來就不好考，沒關係，再努力看看。」

「舅舅，我到底該怎麼做？」

「不然，先去考公職，然後再一邊工作一邊參加考試。」

「好！舅舅，我也正有這樣的想法。」

這一年，阿進順利考進了勞保局，沒想到在勞保局工作不到一年，就考上了律師執照。阿進好高興。

「阿進，你可要好好把握住這一次的機會，好好當一位律師，幫助別人。不要讓你爸媽的憾事，再重新上演。」

「舅舅，我知道。」

「你考了十年才考上，真的，舅舅替你感到高興。你爸媽也一定很高興。等一下我就去看你爸媽，告訴他們這樣的好消息。好，今天舅舅太開心了，就叫你舅媽好好準備一頓晚餐，我們好好喝一杯。」

「舅舅、舅媽，謝謝您們。您們就好像是我的爸爸媽媽一樣，謝謝你們。」

「如果沒有您們，我不會有今天。」

成功，是需要強烈動機、毅力和努力才能達成。

名人經驗・前教育部長　吳京／遨遊於知識空間裡。

成功路徑故事篇

094 當老師的成功故事

成功路徑：小學‧國中‧高中‧大學‧學校實習‧教師資格檢定考試‧教師證照‧教師甄試‧教師

名人經驗‧前台北市市長 黃大洲／苦行僧的苦讀法。

「志明，你再不好好讀書，你怎麼能考上小學老師呢？」

「春嬌，妳放心，我一定會努力的。」

同為教育系的志明與春嬌是一對班對。從大一開始，志明就因為春嬌的氣質而深深被吸引著。春嬌的爸爸是在國小當校長，媽媽也是位小學老師。而志明的爸爸、媽媽從商的。當初，志明考上教育系只是分數剛好上了這一所學校。

「志明，你上課都不準時，而且老師上課的重點你也不在乎，這樣怎麼通過教師甄試。」

「春嬌，妳沒有聽過，大學是由你玩四年，幹嘛這麼認真。而且，教師甄試這麼難考，第一年一定不會上的。」

「志明，當小學老師的福利很好，而且很有保障。如果，我們都考上了小學老師，那麼，我們就不用再擔心未來的工作了。」

「春嬌，小學老師有什麼好的。我爸玩股票，一天就可賺好幾十萬，哪像小學老師一個月才領四萬，而且還要被小孩子折磨。如果，沒有考上小學老師，我也可以玩股票過日子啊！」

「志明，股票市場起起浮浮，有一份穩定的工作，比什麼都好。」

「春嬌，好好好，我們去吃飯吧！」

春嬌的學業在大三那一年開始突飛猛進，常常是全校第一名。反觀志明，連班上前十名也拿不到。春嬌覺得，將來想要在第一年考上小學老師，現在就一定要是全校前五名內。因為小學老師太難考了，如果一個不小心，一定會馬失前蹄。為了達成這個心願，春嬌決定不管志明了。

　　志明的成績雖然不差，但是說要能考上小學老師，並不容易。前二年的金融市場不好，股市大跌。志明的父親一天就損失好幾十萬。志明，也不再提起玩股票的事情。

　　春嬌的成績越來越好，與志明可以聊的話卻越來越少。

　　畢業後，春嬌參加了所有可以參加的教師甄試，沒想到竟考上了三間學校的教師甄試。志明，一間也沒上。

　　「春嬌，妳決定哪一所學校？可以選離我家比較近的。」

　　「志明，我家住在台中，你家在高雄，我怎麼可能選高雄的學校呢？」

　　「春嬌，我明年一定會考上的。」

　　「志明，我想我們分手吧！我要回台中去了。」

　　「春嬌……」

　　當上小學老師的第二年，在父母親的介紹下，春嬌選擇了同為小學老師的另一伴，結成連理。

性格與努力決定你成功的方向。

名人經驗・前台北市副市長 白秀雄／參考書要有兩本以上。

095 當公務員的成功故事

成功路徑：小學‧國中‧高中‧大學‧國家考試（普考、高考、郵政特考、甲等特考等）‧分發

名人經驗‧桃園縣文化局局長 陳學聖／讀書慢沒關係，但求通盤瞭解。

「老公，你當公務員一個月才三萬多塊，怎麼這麼少啊！」

「老婆，我知道妳外商公司的薪水比較高，可是將來我也會慢慢的加薪，而且，有很好的福利和退休金，妳不用擔心的。當年，我參加了公務員的考試，也是過五關、斬六將，好不容易才考上的。」

「拜託，我公司的經理一個月可以有七、八萬元，你怎麼和他比啊！」

「老婆，別擔心，慢慢地我也會加薪的。而且，我作事細心又謹慎，嫁給我是金飯碗。」

「怎麼可能呢！我看你是在作夢。」

其實，作老公的怎麼不知道老婆的心思呢！嫌自己賺的薪水少，嫌自己不時尚。但是，有一對可愛的兒女，怎麼放的下呢！

「老公，今天我要和同事去聚餐。」

「老公，明天我要和業務討論，不回來吃飯。」

「老公，星期一我要去香港開會。」

「老公，下個用我要去歐洲出差。」

漸漸地，夫妻的生活漸行漸遠，沒有交集。老公不是不知道自己的太太有了什麼樣的變化，但若能熬過去，也就沒有什麼了。孩子漸漸大了，大部分都是老公在照

顧。因為固定的上下班時間,當然,孩子們也就更黏爸爸了。

「女兒,我不是告訴妳,不可以動我的東西嗎?」一巴掌打在小女兒的臉上,作父親的當然不捨。

「老婆,她才五歲,怎麼會懂呢!好了,別氣了。」

「你啊!你就只會當窩囊廢,看到你,我就有氣。我看,我們離婚好了。」

「老婆不可以,孩子不是故意的。老婆別氣了,老婆,我給妳下跪,原諒我們。」

當然,作太太的人若心不在了,怎麼會回頭呢!離婚時,太太拿走了所有的東西,沒有留下任何感情。

先生後來想辦法調到南部去,把一對兒女都安置在充滿陽光與溫暖氣息的小學,平凡的過日子。慢慢的從五職等升到六職等(公務員續薪的基準),爬到了小主管。在朋友的介紹下,和一位同為公務員的女性交往。

五年了。太太想辦法回頭找到了先生,因為外遇的那一位經理,花光了她的錢就跑了。她人財兩失,什麼都沒有了。不但如此,工作也不保了,只有回頭找先生。

「老公,是我錯了,原諒我。老公,我跟你下跪。你現在一個月有七萬多塊的薪水,而且又有很好的福利與退休金,是我不會想。老公、老公,我們復合好嗎?」

「淑美,別這樣,有話好好說。」時間一下子回到當年的情景,五味雜陳的情緒。

「為了孩子,我們復合好嗎?」太太哭求著先生。

「讓我想想,妳先回去吧!」

隔天,先生和那位正在交往中,同為公務員的女性,步入禮堂,而一對兒女成為了最可愛的花童。

平凡安定與冒險刺激的人生各有各的不同,端看你如何選擇。

名人經驗・《相聲瓦舍》主演 馮翊綱/讀字典好處多。

096 當工程師、銀行員、行政人員、業務員的成功路徑

成功路徑：小學‧國中‧高中‧大學‧專業證照‧履歷表‧面試‧試用期‧正式錄取

名人經驗‧前海基會副秘書長 龐建國／用不同的方法唸不同的書。

　　他們是一群死黨。每一個人的心願都不同，但是，彼此相互鼓勵卻從沒有改變過。

　　阿龍是當工程師的。當年考上電子系後，就跟著大家一窩蜂的進入電子公司做工程師。有時要兩天一夜才能睡覺，但是，每年的股票與紅利也足夠他過下半生的日子。

　　大發，安安穩穩的當一名銀行的行員。工作2年之後看準了銀行要大舉招才，考進了公營行庫當銀行員。

　　小吳則因為個性內向又保守，一直在南部的傳統工廠當行政人員。

　　毛頭則是不愛讀書，高中一畢業就跑去當房地產的業務員。

　　他們各有各的人生，卻總是互相分享。因為，沒有誰對誰錯，更沒有好或壞。

　　金融海嘯時，阿龍因為被迫休無薪假，只好向大發調頭寸。大發義不容辭地把錢借給了他，因為阿龍常常會報電子業的消息給他們知道，讓他們股票都大賺一筆。而小吳因為全場節能減碳的風行，小小一家零件行，每年的業績都上億元，員工那一年年終可就領了23個月。小吳困難時，阿龍就是賣了他自己名下的股票給小吳週轉。

　　毛頭在SARS來臨時，差點就上了斷頭台。大發告訴他不要擔心，每個人都拿了錢

出來幫毛頭渡過難關。毛頭才走過SARS的風暴，把之前的地產都保留了下來。

這10年變化的很快。有人起，就有人落。

熬過金融海嘯的阿龍，又回到電子公司上班，而豪宅也保住了。大發穩穩地當著銀行行員，什麼事也沒有發生。小吳則因為那23個月的年終，也買了一棟大房子，搞地產的毛頭則是最有錢的。去年蓋房子時，還保留了四戶，希望將來大家能住在一起相互照顧。

良師益友的幫助，會讓你更快成功。

名人經驗・中央廣播電台董事長　高惠宇／有強烈的動機以提高成就。

097 當空服員的成功路徑

成功路徑：小學‧國中‧高中‧大學‧語文證照‧履歷表‧面試‧試用期‧正式錄取。

名人經驗‧高雄世運執行長 紀政／運動與讀書並不衝突。

「以後妳想做什麼？甜甜。」
「我想可能是做秘書或是當空中小姐吧！那妳呢？安妮。」
「我想嫁給有錢人，然後每天逛街買精品，可以全世界旅遊。」
「真有那麼好的事啊！安妮。」
「那當然了啊！」
「那我也要跟妳一樣。」

　　國中時期，甜甜和安妮就是一對死黨，每天上下課都黏在一起，有時抱怨著考試太難、老師太機車，有時又想著自己未來的人生，做著青春大夢。

　　高中時的甜甜，成績開始超越安妮，倆人雖然還是同一班，可是成績上的差距，讓安妮不想再和甜甜走得很近。後來甜甜考上了大學外文系，而安妮只考上普通的技術大學，倆人的關係也就更加疏遠了。

　　甜甜一直很努力，希望自己可以真的找到一份好工作，不要畢了業就失業，還要讓父母親養；所以考上了大學外文系之後，甜甜除了讀書之外，便開始投履歷表到網路求才公司，希望能先到大公司當個兼職助理或是打工。甜甜積極努力的個性很受喜愛，再加上甜甜有著和名字一樣甜美的笑容和外表，英文又好，所以很受打工兼職公司的喜愛。

名人經驗‧名主持人 陳鴻／專心勝專業。

安妮並不像甜甜一樣積極，上了大學之後，安妮就交了男朋友，什麼事情都要男友幫忙做好好的，安妮的個性比較懶散，對於任何事情都採取了隨遇而安的心態，在安妮的心中，大學生活就是由妳玩四年，因此安妮每天都是和男友鬼混，再不然就是翹課。大學四年的光景，安妮除了一張畢業證書外，什麼都沒有增加。

畢了業的甜甜真的如願考上了空姐，月薪六、七萬起跳，再加上甜甜不只會說流利的英文，連日文和法文都有底子，因為曾經有工作經驗的加持下，對於進退應對也就更顯成熟，很快的甜甜就在全世界飛來飛去，完成她當空中小姐的夢想。

安妮畢業後的出路就沒甜甜這樣順遂，因為沒什麼工作經驗，加上個性又懶散，找工作就處處碰壁。現在還失業在家，當個食老族。

高中同學會，甜甜和安妮碰了面，彼此聊起了近況。

「甜甜，妳看起來好亮麗，好漂亮。」

「安妮，妳也不錯啊！」

「甜甜，我聽說妳真的在當空姐啊？」

「是啊！當空姐是我從國中時的心願，因此能夠完成，我好滿足。」

「妳呢！我記得那時妳想要嫁給有錢人，理想實現了嗎？」

「沒有，甜甜，現在我連工作都找不到，怎麼嫁給有錢人。」

「別氣餒嘛！安妮！妳這麼漂亮，一定可以找到金龜婿的。」

「才不呢！現在有錢人要的太太除了漂亮之外，還要像妳一樣有能力。妳看妳，出自名校，又會說多國語言，更棒的是早就環遊世界了，甜甜，妳看我們是同學，才幾年的時間，妳就這麼有成就了，現在大家看妳的眼光都不同了。」

「安妮……」

後來，甜甜在飛機的頭等艙遇到了自己的另一半，是企業家的第二代，甜甜真的嫁入了豪門。那一場豪門婚禮，安妮沒有參加。

志願的實現，要看你努力的方法。

098 大家的第一志願

成功路徑：小學→國中→高中→入學考試（筆試、甄試）→第一志願明星學校

名人經驗・前法務部部長　王清峰／看到好書，會多買幾本給朋友分享。

　　這是一條最簡單也最不簡單的成功路徑。因為，大家都走這條路，競爭就白熱化。要在這條路上出人頭地的確不容易，但通常失敗的機會也不大。

　　如果，你從小到大就品學兼優，而且都是進入名校就讀，在這個功利的社會中，名校的價值的確很容易被確定，進入社會工作就更有優勢。這是不變的道理。能進入像是建中、北一女、台大、成大等名校的學生，本來就是佼佼者。父母親本來就會比較放心，而你真的就是贏在起跑點。

　　多數的父母親會安慰不會讀書的孩子，說將來的出路和學歷不一定成正比，不過，若孩子可以從小就在讀書上不讓父母親擔心，那也是一種孝順。

　　我國中同學中有一位同學，真的很會讀書。每一次考試都是全校第一名，而且人也很謙虛。他的父母親從小栽培他將來要當醫生，他也從不令他的父母親失望。果然，在大學聯考放榜，他以優異的成績進入台大醫學院就讀。一路走來，他從來沒有讓父母親失望過。如果，你可以做得到，那麼你應該要好好地完成你的學業。

　　而我也聽我一位醫生朋友提到他的孩子。當年，他兒子考上牙醫系，怎麼也不聽父母親的話去念牙醫系。後來，自作主張就讀台大物理系。沒有想到讀出來之後，根

本找不到相關的工作可以做。他的孩子就在家裡當個食老族。這位醫生很生氣，因為他認為不是每個孩子都可以考上這種好的科系，可是，他的孩子身在福中不知福，就是不聽他的話。而他的孩子現在卡在半空中，到底要往哪裡飛也不知道。

　　我認為如果你有辦法克服自己的叛逆性，靜下心來聽父母親的話作參考，也許，你不會失去成為別人口中及眼中羨慕的對象。我認為，適度地被別人羨慕與忌妒是一種讓自己更成長的動力。應該好好把握住這樣的機會。

名人經驗・台中市長　胡志強／跌倒再爬起來，即便是在最困難的地方。

099 你心中的第一志願

成功路徑：小學‧國中‧高中（高職、五專）‧入學考試（筆試、甄試）‧心中第一志願學校

名人經驗‧前新聞局局長 吳中立／不同書籍，不同讀法。

你心目中的第一志願，不一定是大眾所希望的第一志願。也許，你在小學與國中時期的成績只是平凡，但不代表你學習不好。

小玉，我國中時期的好朋友。當時，她的成績平凡，相貌平平，一點也不出眾。但是，進入了五專之後，她開始變化了。專二開始，讀書突飛猛進，一路讀到全校的第一名。後來，更以優異的成績進入醫院實習。畢業後，就在醫院工作。二年後，又考上了國立大學的護理系，一邊工作一邊進修；後來，年紀輕輕就當上了護理長。因為工作表現優異，被挖角到其他醫院。前幾年，她更開始取得碩士與博士學位，後來到大學護理系教書，並且嫁給了醫生。

她是我國中同學中，變化最大也最成功的女孩。

另一位則是一位教授的故事。

他是獨子，上面有三位疼愛他的姊姊。每次在學校闖禍，回到家都被父親打得半死，姊姊們心疼，總是為他說話。因為他喜歡繪畫，而且天賦異秉，每次參加比賽都拿首獎。後來，高中考不上好的學校，就到一般美工科就讀。

畢業後，在外面闖盪了二年，又想回到學校讀書，就參加師大美術系的考試，沒想到意外地考上了。後來一路唸到研究所。學校畢業後就到南部一所科技大學執教。五年後，又進入國立大學當副教授。一路過關斬將，當到教授。去年，因為某師範大

學有職缺,他順利進入母校當教授。

　　他父親和我們一起吃飯時,一直很感激我們這些好朋友,讓他的兒子可以成為一名國立大學的美術系教授。這是他從來不曾想過的事情。因為,他一直是父親心目中頭疼的孩子。

　　重點是你自己怎麼去想自己的未來?想走一條什麼樣的路?別人的眼光故然尖銳,但是沒有你自己放棄自己來的無可救藥。成功的路徑是有路可尋,不過,有些人就是沒有這樣的命運。如果,你是屬於這種命運的人,那麼,唯有不放棄自己才有成功的未來。但是,如果你是不讀書而以為自己是這樣的人,那麼你仍舊會失敗。

　　我看到的成功者,他們有幾種特質:

第一、不抱怨:他們從不怨自己的父母不好,不怨自己的家庭經濟不好,更不會怨老師不好。默默的努力著,熬過這一段辛苦而痛苦的日子。

第二、勤奮:只要有機會,從不偷懶地完成它。

第三、努力:任何事都肯用心去作,從頭到尾、徹徹底底地完成它。

　　我認為,只要掌握這三個基本原則,就不容易在人生之路上失敗。

名人經驗:生機飲食專家 歐陽英／累積的知識和經驗就是最好的諮詢對象。

100 人生從轉彎開始定勝負

成功路徑：小學‧國中‧高中（專科）‧就業（培養專業能力）‧大學‧碩研所（企業主管）‧博士班（高階主管）

名人經驗‧舞蹈老師 李昕／只要有心開始，永遠不嫌晚。

　　前面的故事，是希望當你使用了各種學習的方法之後，可以真正去做自己想做的事情、喜歡的工作和美滿的婚姻。能看到一條成功而有希望的路，能走得穩、走得久。

　　現今，在社會上工作的人，都必須要走這條最基本的路徑，小學、國中、高中（專科）。幾乎沒有太多的叉路可以改變這條路徑。雖然，不是走這條路徑的人，還是有成功的機會，但是比較辛苦而困難度也高。

　　很幸運地是，這社會有一條人人都會成功的路讓我們可以跟隨其腳步，一直走下去。不要花太多的時間與金錢去走冤枉路，也無需去走一條我們不懂又未知的路。因為成功，是有方法與路徑可以追尋。

　　有些人因為成熟的比較慢，或是沒有好爸媽可以支持他、成就他，難免在成功之路上比別人走得慢也比較辛苦，有些人天生就記憶力好，懂得靈活運用，所以成功的早。這是現實，無需怨懟。因為，人生是從轉彎開始定勝負。

800公尺賽跑時，在第一個轉彎時才看得到誰輸誰贏。人生也一樣，就是從這一個轉彎開始，意義完全不一樣了。

　　很多人認為，有個有錢的老爸或公婆才能幫助自己成功。我不認同這種觀念。其實，大部分的人都是靠自己白手起家的。父母親再怎麼優秀，留下再多的房地產或現金，那還必須要你自己能夠管理與理財。這些成功的案例背後，有著不為人知的痛苦與努力。

　　別以為遺產好拿，要知道福氣是要自己修行，而不是依靠父母。每一個人只能為自己負責任，是無法為別人負責的。如果，以為自己有好的父母親就從此坐吃山空而不知努力，那麼，就算你家在印鈔票，也會因為你不懂得通貨膨漲而使你印的鈔票無用武之地。而讀書，好好的讀書，才是你真正該做的事。

　　800公尺賽跑時，在第二個轉彎時，才考驗出參賽者的耐力。人必須一輩子學習，無論學的是什麼。因為生活就是最好的學習。

名人經驗‧廣播主持人　何穎怡／全方位的學問讓學習加廣加深。

筆 記 欄

11

終極祕笈篇

學習高手101

學習方法百百種，熟悉一種就夠用。

名人經驗・英國劇作家 莎士比亞／考慮「做」與「不做」與事一個很重要的問題。

成功者的座右銘

1. 想要擁有全世界的人，要記得先擁有自己的特色。
2. 想要全世界的人都稱讚你，要記得先學會稱讚別人。
3. 比爾・蓋茲的財富不是每個人都可以擁有的，但是你可以學他的創造力。
4. 歐巴馬總統的競選口號是「改變」，你也可以透過改變得到好的成績。
5. 想要擁有郭台銘的財富，要先學習他肯幹苦幹的精神。
6. 想要在考試成績上面拿滿分，要記得先將最基本的學會。

學習高手的訣竅

1. 再怎麼好的學習策略，如果不實際去運用，絕對不會有好成果出現。
2. 如果你習慣看別人領獎的話，那上台領獎的人永遠不會是你。
3. 成就感是每個人存在的意義和價值，記得給自己更多的成就感。
4. 學歷證書雖然只是薄薄一張紙，但是沒有就是沒有。
5. 想要擁有好的學習成就，現在就開始下功夫苦讀。
6. 不要小看自己也不要看輕自己，要想辦法讓自己成為通才的菁英。

名人經驗・歌手 蘇有朋／掌握各種考試出題的要訣。

學習高手的策略

1. 該抄抄寫寫的概念一定要用抄抄寫寫的方法學習。
2. 「講光抄」、「背多分」的方式雖然傳統，卻是拿高分的方法之一。
3. 要記得學習成功者都會給自己一個完善的學習計畫。
4. 再好的計畫都需要有恆心去執行，否則只會停留在空談階段。
5. 妥善規劃讀書的時間，並想辦法讓自己養成讀書的習慣。
6. 不要為自己的學習失敗找藉口，要為自己未來的學習找出口。

學習高手的方法

1. 好的學習方法包括「課前預習」、「課中溫習」、「課後複習」三個階段。
2. 學習高手上課五要；一要專心聽講、二要專心筆記、三要畫出重點、四要用心思考、五要反覆練習。
3. 做好時間管理、信心管理、情緒管理，才能提高學習的效率。
4. 將1分鐘當作5分鐘使用，才能在學習上面脫穎而出。
5. 想要在學習成績上面有好的表現，就要在平時養成好的讀書習慣。
6. 將考古題作系統的整理和歸納，透過考古題可以猜出未來考試的內容。

學習高手的建議

1. 將各個學習高手的方法熟記並且練習成為自己的方法。
2. 自己習慣使用的策略一定要掌握，不一定要和他人學習。
3. 如果自己的學習成績不理想，就要找時間和師長討論自己的方法。
4. 建立屬於自己的特色，才能在未來的學習方面找到好的定位。
5. 隨時調整自己的學習步調，並結合各種有效的策略和方法。
6. 不要吝於和別人分享自己的學習策略，因為透過分享可以強化自己的學習效果。

筆記欄

附錄

社會情緒學習篇

001 學習與成長的關鍵密碼：社會情緒學習

一、什麼是「社會情緒學習」

社會情緒學習（Social Emotional Learning，簡稱SEL）是一種有系統的學習方法，主要是在培養自己情緒管理、人際關係與決策判斷等方面的核心能力。

二、社會情緒學習的好處

社會情緒學習的學習，讓你可以認識理解自己的情緒狀況，學會有效地表達與調節情緒，並且可以發展同理心、建立正向人際關係、做出負責任的決定。社會情緒能力的培養，可以讓你的學習成效、心理健康與未來的發展，都能有好的成長。

三、社會情緒包括哪些重要能力

社會情緒包括五大核心能力：1.自我覺察；2.自我管理；3.社會覺察；4.人際關係技巧；5.負責任的決策。

四、社會情緒學習的培養

社會情緒的培養，對自己的未來具有相當重要的關鍵，你可以透過各種方法和策略，為自己培養好的社會情緒，幫助自己成熟地成長，成為一個全人發展的孩子。

五、專家的建議

1. 有些能力的培養要越早越好，它可以跟隨自己一輩子。
2. 社會情緒的學習，不必花太多的時間，但是帶來的效果是相當好的。
3. 透過學習情緒管理，你會更瞭解自己的感受。
4. 學好社會情緒可以讓自己的情緒不會亂跑。
5. 社會情緒可以幫助你學會換位思考、尊重別人的想法。
6. 社會情緒讓你遇到衝突時能冷靜處理，朋友也會更願意靠近你。
7. 穩定的社會情緒，讓你讀書更專心，考試不緊張。
8. 社會情緒讓你學會如何面對壓力與失敗，更有自信地應付考試與課業挑戰。
9. 社會情緒可以協助大家都能瞭解自己與別人的情緒、彼此尊重與合作，班上就更少吵架、多一點歡樂。
10. 社會情緒穩定可以幫助自己準備好未來的生活，更順利應對生活中的挑戰。

002 瞭解社會情緒學習：才能掌握主要的核心概念

一、社會情緒學習的主要概念圖

- 社區
- 家庭與照顧者
- 學校
- 教室

中心：社會情緒價值

五大區塊：自我覺察、自我管理、負責任的決策、人際關係技巧、社會覺察

外圈：
- SEL教學與教室氛圍
- 全校文化、實踐與政策
- 真誠的夥伴關係
- 一致性的學習機會

圖片來源：引自CASEL官網

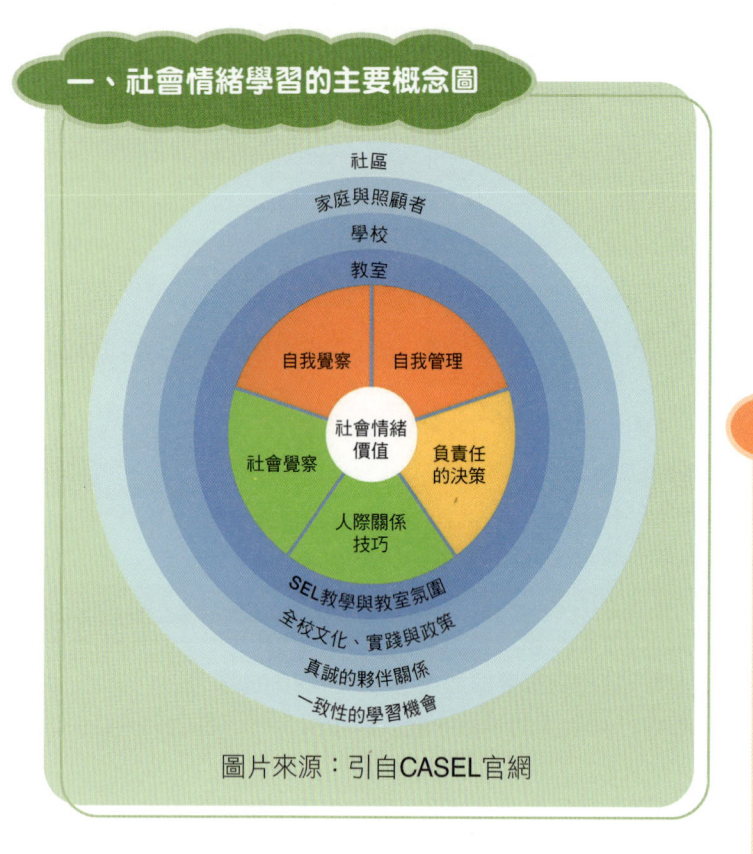

二、社會情緒學習的五大中心核心能力

1. 自我覺察（self-awareness）
2. 自我管理（self-management）
3. 社會覺察（social awareness）
4. 人際關係技巧（relationship skills）
5. 負責任的決策（responsible decision-making）

三、社會情緒學習的主要支持系統（由內而外）

1. 教室（classrooms）
2. 學校（schools）
3. 家庭與照顧者（families & caregivers）
4. 社區（communities）

四、社會情緒學習的支持系統（外圍圈）

SEL教學與教室氛圍
（sel instruction & classroom climate）
1. 全校文化、實踐與政策（schoolwide culture, practices & policies）
2. 真誠的夥伴關係
   （authentic partnerships）
3. 一致性的學習機會
   （aligned learning opportunities）

五、專家的建議

1. 有些基本能力需要從小就培養，因為這些能力對自己來說終身受用。
2. 做任何事情想要成功，要先瞭解自己的各種狀況。
3. 從社會情緒學習的概念圖中，可以瞭解自己過去和未來成功與失敗主要原因。
4. 想要有好的社會情緒，就需要掌握概念圖中的各種能力。
5. 如果你只有看了概念圖，沒有採取行動的話，就會離成功越來越遠。
6. 缺乏完整的計畫和適當的行動，你就會離失敗越來越近。
7. 想要擁有完整的社會情緒，就要有好的支持系統。
8. 成功不是偶然的，失敗也不是突然的，做好社會情緒學習，讓成功成為必然。
9. 在家和在學校，都需要做好社會情緒學習。

003 社會情緒學習的核心能力一：自我覺察

一、什麼是自我覺察

自我覺察主要的用意，在於能夠瞭解自己的情緒、想法和價值觀，透過對自己情緒的瞭解，能夠建立自信心，並且能主動發現自己的優勢和限制。

二、自我覺察的主要功能

透過自我覺察培養興趣和生活目標，瞭解他人的情緒並且和感受想法相互連結。

三、可以和家人聊自己的情緒

我們可以和家人或學校老師，分享聊聊自己的情緒，讓家人和師長可以站在同一個角度，瞭解自己的喜怒哀樂，可以隨時理解自己的情緒。

四、自我覺察的主要方法

想要掌握並瞭解自己的社會情緒，可以透過聊情緒的方法、透過寫日記的方式，將各種開心、值得感謝、令人感動的生活事件，記錄下來並且相互分享。

五、專家的建議

下列幾項自我覺察的方法,可以提供參考:
1. **寫日記**:透過寫日記可以將每天的生活事件記錄下來,包括高興、傷心、興奮、難忘的人事物等。
2. **與好友聊天**:透過聊天的方式,可以接受他人對自己各種表現的回饋,提出自己哪些地方表現得很好,哪些地方需要調整。
3. **靜坐或冥想**:透過靜坐可以反省自己一天中所發生的事情,自己的反應有哪些是正確的,哪些是需要改變調整的。
4. **進行自我反思活動**:每天的生活作息,家裡和學校發生的各種事件,可以在閒暇時,進行反思活動,瞭解哪些是需要調整的,哪些是自己表現好的。
5. **心情日記**:寫心情日記的方式,主要是將自己的情緒、表現等記錄下來,記錄每天的情緒變化,以及當下的情境和反應,可以幫助自己認識情緒反應和習慣。
6. **觀察身體的反應**:人遇到各種外在事件時,身體會有一些習慣性的反應,例如,退縮、大笑等,透過身體反應的觀察,有助於覺察自己內心的表現。
7. **角色扮演的實施**:透過角色扮演的方式,可以瞭解自己和他人的反應。
8. **設定各種行為目標**:為自己訂定短中長期目標,可以定期回顧進度和困難,幫助自己瞭解價值觀、動機等。
9. **參加各種心理測驗**:可以透過心理測驗,分析自己的人格特質,並且進而認識自己、掌握自己的情緒。

004 社會情緒學習的核心能力二：自我管理

一、什麼是自我管理

「自我管理」指的是一個人調節自己情緒、思考與行為的能力，以便在不同情境中做出適當的反應、達成目標並維持良好的人際關係。自我管理能力是指在不同情況下能有效管理情緒、想法和行為，並完成某項目標。

二、自我管理的主要內容

自我管理的主要內容包括情緒管理、壓力調適、設定與達成目標、自我激勵、展現自律、建立責任感。

1. **情緒管理**：指的是自己可以適當地表達與控制生氣、焦慮、沮喪、興奮、怒氣等方面的情緒。
2. **壓力調適**：指的是當自己在面對壓力或挑戰時，可以隨時找到有效的紓壓方法，不讓自己的情緒失控。
3. **設定與達成目標**：指的是自己可以規劃並計畫，完成自己設定的短期或長期目標，用正確的方法達成目標。
4. **自我激勵**：指的是當我們遇到挫折時，也能夠持續地面對壓力，完成各種任務。
5. **展現自律**：指的是我們可以對自己的各種情緒，能延遲滿足、抗拒誘惑，做出對自己長遠有益的決定。
6. **建立責任感**：指的是能夠對自己的行為負責，願意承擔各種後果，並且從中學習。

三、自我管理的例子

1. 當我們考試成績不理想時，可以冷靜下來檢討原因，並且制定下次考試的準備計畫，而不是發脾氣或放棄。
2. 面對同儕行為挑戰時，能夠控制自己的情緒，採用建設性的溝通方式。
3. 願意為自己達成的夢想持續的努力，那怕是過程中感到疲憊或是想要放棄。
4. 例如，疫情下停課期間，待在家中的時間變長了，訂定生活作息表、設定每日、週目標以維持規律生活，是練習自我管理的方法。

四、自我管理的重要性

　　自我管理是個人成長、人際互動與學習成功的基礎。沒有良好的自我管理能力，即使擁有高度認知能力，也容易在人際或學業上碰壁，或是失敗。

五、專家的建議

　　想要擁有正確的自我管理，以達到成功的話，下列幾項專家的建議，可以參考：

1. **設定各種小目標**：可以為自己的學習設定各種小目標，將大目標分成幾個小步驟，例如，每天背5個英文單字，一個月就可以背150個單字，一年就可以背1825個單字。
2. **規劃時間表**：將自己每天的時間，做有效的規劃，例如，寫下每天要完成的學習事情（複習、功課、運動等），逐項完成時就可以打V。
3. **使用待辦清單的概念**：用簡易的標籤，將每天要完成的事項標記出來，例如，要讀多少書、做多少運動、複習多少功課、準備多少會考的學科等。
4. **運用自我對話的方式**：自我對話的方式，指的是和自己講話，用正向語言隨時鼓勵自己，例如，我可以辦到的、我可以慢慢來、我再試一次會更好，幫助自己面對各種學習上的困難。
5. **運用情緒溫度計**：每天可以評估自己的情緒強度（例如，從1分到5分），練習辨識自己的情緒，當分數太高時要採取冷靜行動，例如，深呼吸、短暫離開現場等。
6. **建立閱讀習慣**：每天都要養成讀書的習慣，不管隔天或當週是否有考試；此外，要運用零碎時間，以積少成多的方式，維持閱讀習慣。
7. **擬定挑戰自我控制計畫**：將自己容易沉迷的習慣，擬定自我挑戰計畫，並且積極地執行。例如，一週只滑手機2小時、零食只在週末吃一次等，學會延遲滿足、培養紀律。
8. **深呼吸或正念練習**：當自己有感到壓力或煩躁時，嘗試深呼吸幾次或花幾分鐘靜坐，可以幫助恢復平靜與專注力。
9. **整理學習環境**：每天整理學習環境，有助於心情平穩，也能減少「找不到東西」、「遺失東西」的焦慮發生。

005 社會情緒學習的核心能力三：社會覺察

一、什麼是社會覺察

社會覺察指的是，具備這項能力的人，能夠同理各種來自不同家庭、文化、社會背景的人，站在他人的立場中思考，可以展現出同理心、關心他人的感受，並且能夠認同別人的優點，對於他人表達出感激，同時也能瞭解不同情境、社會的各種規範。

二、社會覺察的功能

1. 社會覺察是一種理解與察覺他人情緒、觀點與社會脈絡的能力，有助於促進人際關係與群體合作。
2. 透過社會覺察，個人能同理他人，理解多元文化與價值觀，進而在溝通與互動中展現尊重與包容。
3. 社會覺察有助於判斷社會情境中適當的行為，提高解決衝突與集體協作的能力。
4. 社會覺察能增進同儕關係、建立正向的班級氛圍，並培養公民責任感與社會參與意識，為未來融入社會打下良好基礎。

三、自我管理的例子

1. 在疫情期間若有親友確診被隔離，你要主動表示關心之意。
2. 同理同學情緒：發現同學情緒低落時，主動關心並給予安慰。
3. 尊重多元文化：瞭解並尊重不同族群或宗教的傳統與習俗。
4. 注意他人反應：在對話中察覺對方不舒服，適時調整自己的言語或態度。
5. 團隊合作時體諒他人意見：能理解隊友的立場，促進有效溝通與合作。
6. 參與公益活動：看見社會弱勢需要幫助，主動參與志工或捐贈行動。

四、培養社會覺察的方法

1. **保持對周遭社會現象的好奇心**：你可以觀察學校、社區中的環境問題、人際互動、資源分配等，主動提問「為什麼會這樣？」、「有沒有更好的做法？」。
2. **參與公共討論或校內活動**：你可以主動參加學校的學生會、班級會議或辯論活動，學習表達意見、傾聽他人觀點，瞭解多元價值並培養參與公共事務的能力。
3. **主動關注時事新聞**：你可以每天花一點時間閱讀新聞（報紙、新聞App、YouTube新聞頻道等），關心本地及全球發生的重大事件，瞭解社會正在發生什麼事。
4. **加入志工或社區服務活動**：你可以利用課餘時間參與社區、圖書館、慈善機構的志工服務，實際接觸不同族群與生活狀況，增加對社會的理解與同理。
5. **多閱讀具社會議題的書籍或漫畫**：你可以選擇一些描述社會現象或人權議題的讀物，例如《阿貴》、《我們與惡的距離》原著改編漫畫等，從故事中引發反思。
6. **經常自我反思與記錄觀察**：你可以寫日記或使用手機記錄生活中遇到的社會現象，並嘗試思考「我對這件事有什麼感覺？我能做些什麼改變？」。

五、專家的建議

1. 很多時候，關心別人等同於關心自己。
2. 想要同理別人的話，要先從同理家人做起。
3. 觀察學校、社區中的環境問題，可以提升自己的社會覺察。
4. 很多時候，要注意他人的反應，才能瞭解自己行為的對與錯。
5. 要常常主動參加學校的活動，參與班級的活動，培養自己的同理心。
6. 當同學的情緒低落時，要能主動給予溫暖關懷。
7. 與其要用嘴巴同理他人，不如針對問題採取各種有效的行動。
8. 換位思考是現代人最需要的情懷，你我都需要培養。
9. 體諒他人的立場，瞭解他人的思考，才能有互惠的機會。
10. 熟記好話一句三冬暖，惡言相向六月寒的道理。

006 社會情緒學習的核心能力四：人際關係技巧

一、什麼是人際關係技巧

1. 「人際關係技巧」是指我們與別人互動、相處時所需要的一些溝通和應對能力。這些技巧能幫助我們和同學、家人、朋友或老師建立良好的關係。
2. 人際關係技巧包括傾聽別人說話、清楚表達自己的想法、尊重他人的感受、合作解決問題，以及在遇到衝突時保持冷靜、用合適的方式處理。
3. 在學校裡，如果你有良好的人際關係技巧，就更容易交到朋友、參與團隊合作，也能避免不必要的誤會或衝突。
4. 人際關係技巧不是天生就會，而是可以透過練習慢慢學會的。只要你願意多觀察、多練習，像是學著說「謝謝」、學會道歉、學會替別人著想，你的人際關係就會越來越好。
5. 人際關係技巧，不只在學校有用，長大後進入社會也同樣重要。

二、人際關係的功能

1. **情感支持**：當我們難過、生氣或遇到困難時，朋友和家人可以安慰我們、給我們力量。
2. **分享快樂**：有好消息或開心的事，和朋友分享會讓快樂加倍。
3. **學習合作**：和別人一起做事，能學會分工、互相幫忙，變得更有團隊精神。
4. **增進溝通能力**：常和別人互動，可以練習說話和聆聽，讓表達更清楚、理解更深。
5. **建立自信**：當被朋友接納和欣賞時，會讓自己更有自信，也更願意表現自己。
6. **解決問題**：遇到困難或衝突時，透過人際關係中的溝通與討論，能找到更好的解決方式。

三、人際關係的培養

想要有良好的人際關係，可以考慮下列幾種方法：

1. **學會傾聽**：可以認真聽別人說話，不打斷，讓對方感覺被尊重和重視。
2. **主動打招呼**：可以主動向同學或老師打招呼，開啟友善的互動，建立關係的第一步。
3. **尊重他人差異**：瞭解每個人都有不同的想法和個性，學會接納他人，才能相處更和諧。
4. **參與各種團體活動**：多參加班級、社團或學校活動，有助於認識新朋友，培養合作能力。
5. **表達關心與鼓勵**：當班上同學有好表現時給予稱讚，遇到困難時給予關心，會讓關係更緊密。
6. **解決衝突用和平方式**：遇到誤會或爭執時，冷靜溝通，不用生氣或指責，才能真正解決問題。

四、人際關係的例子

1. **同學互相幫忙完成作業**：小華不懂英文題，小明主動教他，兩人因此變成好朋友。
2. **好友吵架後願意道歉與原諒**：小英和小敏吵架後，兩人冷靜下來說清楚並互相道歉，關係反而更好了。
3. **一起準備班級活動**：幾位同學一起布置教室，合作愉快、感情更緊密。
4. **安慰難過的同學**：小佑考不好情緒低落，朋友小君主動安慰他，讓他感覺被關心。
5. **尊重彼此的不同意見**：討論報告時，小芳和小輝想法不同，但他們願意聆聽並找到共同做法。
6. **每天開心打招呼**：小穎每天早上看到同學和老師都會微笑打招呼，大家都很喜歡他。

五、專家的建議

1. 在生活中，要主動和別人打招呼。
2. 當大家的意見不同時，要學會尊重他人的意見。
3. 同心協力完成一件事，可以展現出齊力斷金的力量。
4. 解決衝突有很多種方式，採用和平方式是最理想的。
5. 當自己的想法和別人不一樣，需要溫柔婉約的說明。
6. 隨時給予他人稱讚，展現出溫暖的一面。
7. 主動積極參與各種活動，取得好的人際關係。
8. 人與人之間的相處，需要各種關懷與傾聽。
9. 感動大於拒絕，是人際相處的道理。
10. 今日主動關心他人，明日他人主動送暖。

007 社會情緒學習的核心能力五：負責任的決策

一、什麼是負責任的決策

負責任的決策，指的是在各種情況中，自己做各種決定，需要考慮安全、道德、社會關懷等面向，並且顧及自己、別人、團體的好處和後果所做出的決定。

二、負責任決策的功能

1. **減少後悔與衝突**：你在做決定前需要考慮清楚，可以避免衝動行動，減少後續的麻煩或衝突。
2. **培養獨立思考能力**：你學會自己思考問題，不盲從別人，做出有道理的決定。
3. **增加自信心**：你自己做決定並承擔結果，會讓人更有自信，覺得自己有能力處理好各種事情。
4. **學會承擔責任**：當你瞭解每個選擇都會帶來結果，能幫助自己更有責任感。
5. **培養解決問題的能力**：遇到困難時，能運用思考與判斷找到合適的方法解決。
6. **做出對自己有利的選擇**：懂得評估事情的好壞，讓自己選擇對健康、學習、人際關係有幫助的方向。

三、負責任決策的培養

1. **遵守約定和規則**：例如，不遲到、不說謊，做到答應別人的事，讓人信任你。
2. **主動承認錯誤**：例如，做錯事不推卸責任，勇敢面對、改正，就是成熟的表現。
3. **照顧好自己的物品與健康**：例如，自己收拾書包、準時吃飯睡覺，從小事開始學負責。
4. **善用時間、不拖延**：例如，安排好讀書和休息時間，不臨時抱佛腳，讓事情有條理。
5. **完成自己的作業和任務**：例如，按時交作業、做好值日工作，就是對自己該做的事負責。
6. **關心別人、樂於幫忙**：例如，看到別人需要幫助時願意出手，表現出對團體的責任感。

四、負責任決策的例子

1. **早睡早起準備考試**：小偉決定不熬夜追劇，早點睡覺，讓自己隔天精神更好應考。
2. **用零用錢買需要的文具而非浪費**：小文想買遊戲，但他決定先買需要的書包和筆記本。
3. **準時寫完作業而不是玩手機**：小英下課後先完成作業，再玩遊戲，展現對學習負責的態度。
4. **遇到同學作弊時選擇不跟著做**：小如看到別人作弊，選擇誠實作答，做出正確的決定。
5. **分配時間參加社團和讀書**：小榮安排時間，讓課業和社團活動都能兼顧。
6. **和朋友起衝突時選擇冷靜溝通**：小宣和朋友有了誤會，他沒有生氣亂說話，而是冷靜談開解決問題。

五、專家的建議

1. 學習做正確的決策，為自己的決策負責任。
2. 想要做正確的決定，就要多觀察他人做的決策和承擔的後果。
3. 好的決策要記錄下來勉勵自己。
4. 當決策錯誤時，要記得隨時修正。
5. 好的決策讓自己上天堂，不好的決策讓自己進牢房。
6. 所有的決策都會回到自己的身上，所以要很謹慎。
7. 要養成不跟風的習慣，以及獨立判斷的風格。
8. 別人的決策不一定適合自己。
9. 要記得準時或提前完成各種自己的事情。
10. 做重大決策時，要請教長輩或師長。

008 社會情緒學習的再次叮嚀與提醒

一、叮嚀一

社會情緒學習（簡稱SEL）是指學習如何認識自己、瞭解他人、做出負責任的決定，以及建立良好人際關係的一種能力。

二、叮嚀二

對國中生來說，這是一項非常重要且必要的學習，因為這個階段正是身心快速成長、情緒變化明顯、人際互動頻繁的時期。

三、叮嚀三

你能學會認識自己的情緒、懂得控制情緒，就能在遇到壓力、挫折或衝突時冷靜應對、不輕易被情緒左右。

四、叮嚀四

透過社會情緒學習，你學會可以尊重他人、傾聽不同意見、建立良好的朋友關係，讓學校生活更快樂、更有安全感。

五、叮嚀五

社會情緒學習，不只是學生時期有用，長大後進入社會也一樣重要，因為每個人都需要與他人合作與溝通。社會情緒學習幫助我們成為更有同理心、更會思考、更有責任感的人。

六、叮嚀六

你學會社會情緒技巧不只是為了現在的學習，更是為了未來的幸福生活做準備。

筆記欄

國家圖書館出版品預行編目(CIP)資料

國中生學習方法的第一本書(增加SEL社會情緒學習):集結101個學霸讀書法、用90個學習密碼打造學習力,熟記學習情商語錄,你就贏了!/ 林香河, 林進材著. -- 四版. -- 臺北市 : 五南圖書出版股份有限公司, 2025.08
　面 ；　公分. -- (學習高手 ; 5)
ISBN 978-626-423-458-0 (平裝)

1.CST: 中學生　2.CST: 學習方法　3.CST: 學生生活　4.CST: 情緒教育

524.7　　　　　　　　　　　　　　　114006495

學習高手系列005

ZI07

國中生學習方法的第一本書【增加 SEL 社會情緒學習】

集結101個學霸讀書法、用90個學習密碼打造學習力,熟記學習情商語錄,你就贏了!

作　　者 —	林香河　林進材
編輯主編 —	黃文瓊
責任編輯 —	李敏華
封面設計 —	張明真
出 版 者 —	五南圖書出版股份有限公司
發 行 人 —	楊榮川
總 經 理 —	楊士清
總 編 輯 —	楊秀麗

地　　址：106 臺北市大安區和平東路二段339號4樓
電　　話：(02) 2705-5066　　傳　　真：(02) 2706-6100
網　　址：https://www.wunan.com.tw
電子郵件：wunan@wunan.com.tw
劃撥帳號：01068953
戶　　名：五南圖書出版股份有限公司
法律顧問　林勝安律師

出版日期	2010年6月初版一刷(共七刷)
	2015年9月二版一刷(共二刷)
	2017年8月三版一刷(共四刷)
	2025年8月四版一刷

定　　價　新臺幣300元

【本書初版、二版在書泉出版社出書。】　　※版權所有・欲利用本書內容,必須徵求本社同意※